U0094519

文房之趣

遇见紫禁城

YUJIAN ZIJINCHENG

Wenfang Zhi Qu

林欢 著

湖南科学技术出版社·长沙

图书在版编目（CIP）数据

遇见紫禁城．文房之趣 / 林欢著．— 长沙：湖南科学技术出版社，2023.6
ISBN 978-7-5710-2117-7

Ⅰ．①遇… Ⅱ．①林… Ⅲ．①故宫博物院—历史文物—研究—北京②文化用品—研究—中国—古代 Ⅳ．① K870.4

中国国家版本馆 CIP 数据核字 (2023) 第 054108 号

YUJIAN ZIJINCHENG：WENFANG ZHI QU
遇见紫禁城：文房之趣

著　　者：林欢
出 版 人：潘晓山
责任编辑：李文瑶 梁蕾 王舒欣
出版发行：湖南科学技术出版社
社　　址：长沙市芙蓉中路一段 416 号泊富国际金融中心
网　　址：http://www.hnstp.com
湖南科学技术出版社天猫旗舰店网址： http://hnkjcbs.tmall.com
邮购联系：0731 - 84375808
印　　刷：长沙超峰印刷有限公司
（印装质量问题请直接与本厂联系）
厂　　址：宁乡市金州新区泉洲北路 100 号
邮　　编：410600
版　　次：2023 年 6 月第 1 版
印　　次：2023 年 6 月第 1 次印刷
开　　本：787mm × 1092 mm 1/16
印　　张：19.5
插　　页：5
字　　数：261 千字
书　　号：ISBN 978-7-5710-2117-7
定　　价：128.00 元

（版权所有 翻印必究）

总序

本系列丛书重在展示乾隆皇帝与书房之间的关系。无论他是在书房里慎独修炼，还是走出书房感受自然，皆以自己的思想历程，阐释他与人、与自然之间的关系。

中华民族是一个有着五千年的文明历史和富于创造的民族，博大精深、瑰丽灿烂的文化为子孙后代留下了极其珍贵的历史遗产。很早之前就有这样一个想法，用那些常为世人瞩目的英雄人物背后的故事与传奇，来解析描述凝结在其中的文脉。

众所周知，中华以文兴国。古代文人士大夫往往有彼此相约的传统，常于书房、花园、山林之间畅述幽情，俯仰宇宙，通过交流，抒发对生命的感悟。这种志同道合的雅集聚会，同样被视作书房的一部分。因而在狭义与广义的书房中，在人与天地的交流中，蕴含天地大道的器物被移入书房，摩玩舒卷，浸觉有味，既可发思古之幽情，又可修身养德。

而与自己意趣相投、志同道合的友人赋诗弹琴，唱和雅集，更能在互相交流中体会生命的有限与宇宙的无限，浩然之气自然会充盈其间。同时，一杯清香的茗茶，不仅为友人之间的高谈阔论增添无穷的情趣，而且有敞开心扉，展示自我的妙趣。

宋代《高斋漫录》有载：司马光与苏轼论茶墨俱香，“茶与墨二者正相反，茶欲白、墨欲黑，茶欲重、墨欲轻，茶欲新、墨欲陈。苏曰：奇茶妙墨俱香，是其德同也，皆坚，是其操同也。譬如贤人君子”。可见茶墨质性不同，但彼此之芬芳，恰如彼此之秉德而志同道合。

故宫博物院所藏文物作为中华民族传统文化的重要载体，是人类弥足珍贵的民族文化遗产，也是中华文明大观园中熠熠生辉、璀璨耀目的一枝奇葩，它凝聚着各民族辛勤的汗水和心血，体现了各民族非凡的创造能力，是各民族聪明智慧的生动表现，值得我们代代相承和发扬光大。

此书以中国古代传统科技与工艺为切入点，内容涉及古代文人士大夫对宇宙天地万物产生的思索、笔墨纸砚的认知、漆器的发明与创造、茶叶的制作与品位等方面，不仅可以使读者徜徉于中国传统书房浩瀚的知识海洋中，也能看到中华各民族的文明与智慧之光。

我们的初衷，是想为中国传统文化知识的普及做一点具体工作，通过专家撰写的方式，使中国古代文房知识得到普及。鉴于此，在行文上力求通俗易懂，内容上力求简明练达，表述上力求科学准确，篇章布局上力求突出重点、图文并茂，从而达到知识性、科普性、通俗性、趣味性的有机统一。诚然，这只是我们的一个初步尝试，缺点和不足在所难免，期待广大读者给予批评指正。

希望这套系列丛书的出版，能为中国古代科技知识的普及与宣传贡献一点力量。衷心希望传统科技的火种，通过中华书房文化的广泛传播，使整个社会，特别是青少年，在不久的将来肩负起传承弘扬中华民族文化的神圣使命。

張榮

故宫博物院图书馆首席专家
故宫博物院二级研究馆员
中国社会科学院研究生院研究生导师

前言

握管门庭侧，含毫山水隈。霜辉简上发，锦字梦中开。鹦鹉摛文至，麒麟绝句来。何当遇良史，左右振奇才。

——【唐】李峤《笔》

诗人遥想手中握着毛笔，站在屋的一侧，在山峦起伏的地方挥毫泼墨，霜毫在竹简之上挥洒，优美的文字仿佛从梦中走来。鹦鹉衔来美文，麒麟带来绝句。诗人感慨如何才能遇到优秀的史家，以笔撰史，发挥笔的神奇才能。

中国古代文具是一个很广泛的概念，它包括笔、墨、纸、砚及其辅助用品。它们是书斋中用于书写、绘画的清雅文具的泛称，同时，它们也指一切可供文人休闲娱乐、案头把玩的陈设雅玩。它们具有种类众多、形制各异、内涵丰富、极具个性等特点，因而又有“文房四宝”之名以表达人们的喜爱之情。南唐后主李煜因喜好文艺，曾将“文房四宝”特指为诸葛笔、李廷珪墨、澄心堂纸以及龙尾砚。而目前我们所周知的“文房四宝”，则为湖笔（浙江湖州）、徽墨（安徽歙县）、宣纸（安徽泾县）、端砚（广东肇庆）。

在历史的长河中，笔墨纸砚在人们的生活中，不可或缺。历史上，不仅有如司马迁、班固、司马光等秉笔直书的史家，也有如诗人李白、杜甫、白居易等影响诗坛的文豪，他们挥毫泼墨，如椽巨笔，让中国古代灿烂的历史文化，传诵千年。即便是万人之上的清朝乾隆皇帝弘历，也崇尚文雅，雅好古风。特别是对书法艺术的酷爱，导致其对笔墨等文具喜爱有加。而自康熙时代以来，国家的强盛与帝王的爱好，使得清宫御用文具的样式愈加丰富。这些御用文具作为独立赏玩的精美工艺品，既可以抒发感情，陶冶性灵，又可以修身养性。

就普通人而言，发奋识遍天下字、立志读尽人间书的理想，是古代读书人的一个高远的志向。《论语》有言：“仕而优则学，学而优则仕。”无论自己是否状元及第，从孩提时代起，古代读书人都是经由小学、四书、六经循序渐进地问学。在问学的过程中，文房用具是必不可少的，它既是书写工具，也是书房陈设的常用物品。正是这种人生目标与精神境界的追求，使得古代读书人对文房四宝情有独钟。一笔一墨，一纸一砚，透过文具，反映出古人的人生追求，以物喻人，借景抒情，的确美哉！即便辞别了人世，拥有这些文房用具的主人依然对这些生前之物有着很大的眷恋。因此，他们常常嘱托家人将文房用具带入地下，以示永远陪伴自己左右。这便是古代读书人的理想与追求。例如河北张家口辽代张文藻家族壁画墓的壁画中，就有将笔、墨、纸、砚同绘于一处的文房四宝图画。墓主人张文藻卒于辽代咸雍十年 (1074)，与苏易简、梅尧臣等人生活的年代甚为相近。而在福建福州市茶园山发现的南宋人许峻的墓中，也有将整套文房四宝随葬的现象。

接下来，让我们追溯历史长河，借助乾隆皇帝的新年“开笔”礼，回望他的那段近九十年，交织着幸福、痛苦、喜悦、希望、惆怅等各种人生况味的笔墨故事。

目录

第四章 书房宝贝

第五章 太上皇生活

御製

本故臣馮銓所集其子孫不能守歸於閩之黃氏茲黃
氏復不能守臣曾晉閩知其事故貰之以獻欲卻之則
事已成且舉闈翰墨非貢諛逢惡之為因受之並築堂
為廊以嵌石版從淳化軒之例也石版長短寬窄不一
且有木刻三版因命內府摹淳化之善手重橅其蹟而
泐之石俾長短寬窄較若畫一其木版仍置堂中以紀
數典則觀兩廊秩如彬如弗啻黃氏所未營而亦馮氏
所未逮矣夫快雪堂之建因石刻非因雪然循名責實
三冬未逢時玉萬目焦心又何有于悅目娛志而閱古
則增滄桑之歎問今益凜好惡之戒凡吾所為記多出
於誌愧而不出於誌喜也

臣彭元瑞敬書

臣 瑞

第一章

开笔

腊月书福

弘历云：『何处生春早，春生书福中。』

清宫里的大年是在『书福』仪式中开始的。

一个『福』字，

凝聚着帝国统治者与王公大臣、平民百姓之间的心念与愿力。

按制，

当时书写福字须使用上好的、敷有丹砂、绘有金龙图案的红色绢纸。

蔡伦被后世纸工奉为造纸鼻祖。

有了他，

中国造纸便有了生活用纸与书画用纸两个发展路径。

以粉蜡笺为代表的宣纸加工技术，

到清代中期已达到精美绝伦的地步。

宣纸在色泽上有淡雅与鲜明两种风格，

适用于不同场合。

即便使用者不加言表，

观者亦能体味其心境。

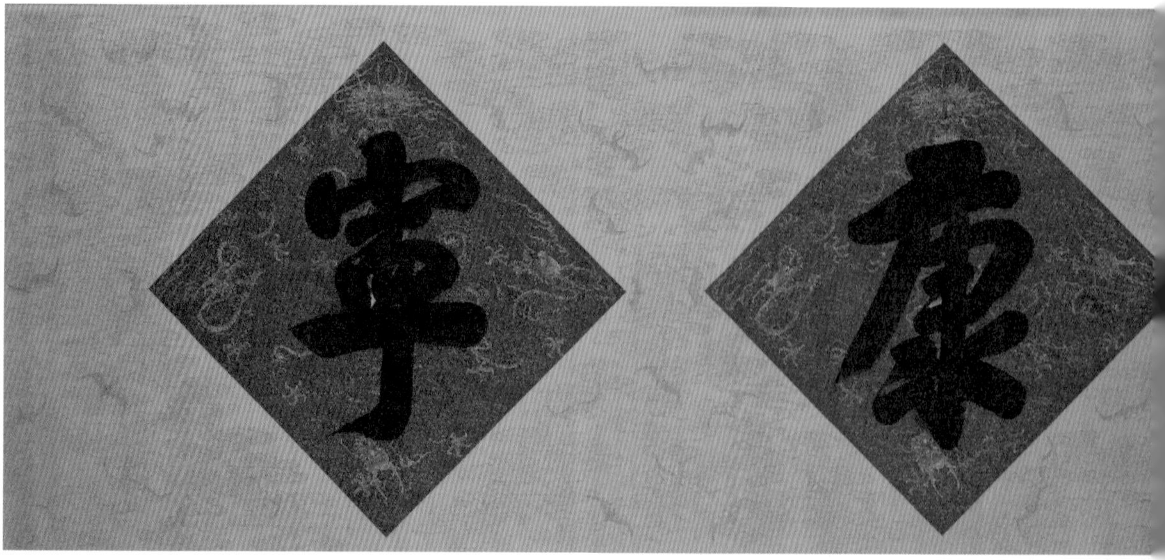

1. 元旦书福

腊月初一，大清帝国的权力中心——紫禁城内，一座座殿宇巍峨壮观，在寒风中更显庄严冷峻。一切似乎如常，又有些不同。温暖如春的重华宫漱芳斋内伺候的太监们满脸喜气。他们已经在御案上安放好崭新的龙笺，墨已磨好，毛笔也备在旁边。此时皇帝会手握毛笔，在龙笺上一气呵成，其中就有一个“福”字。

俗话说：**进了腊月门，转眼就是年。古代中国人把每年一岁之始，即正月初一，叫作元旦。元，首也，旦，日也，元旦即年之首也。**清代过春节，从开始准备到结束，前后要月余。一般始于腊月初一，并持续到正月二十日左右。元旦前的辞旧岁活动中最重要的就是皇帝的“开笔书福”典礼，皇帝御笔一开，整个紫禁城便要为迎接新年而忙碌起来。雍正年间，书写“福”的时间规定在封印放假之后。从乾隆二年开始，乾隆皇帝在遵行御笔书福之制的同时，又规定“开笔书福”的时间是在每年的腊月初一，自此每岁定为常例。

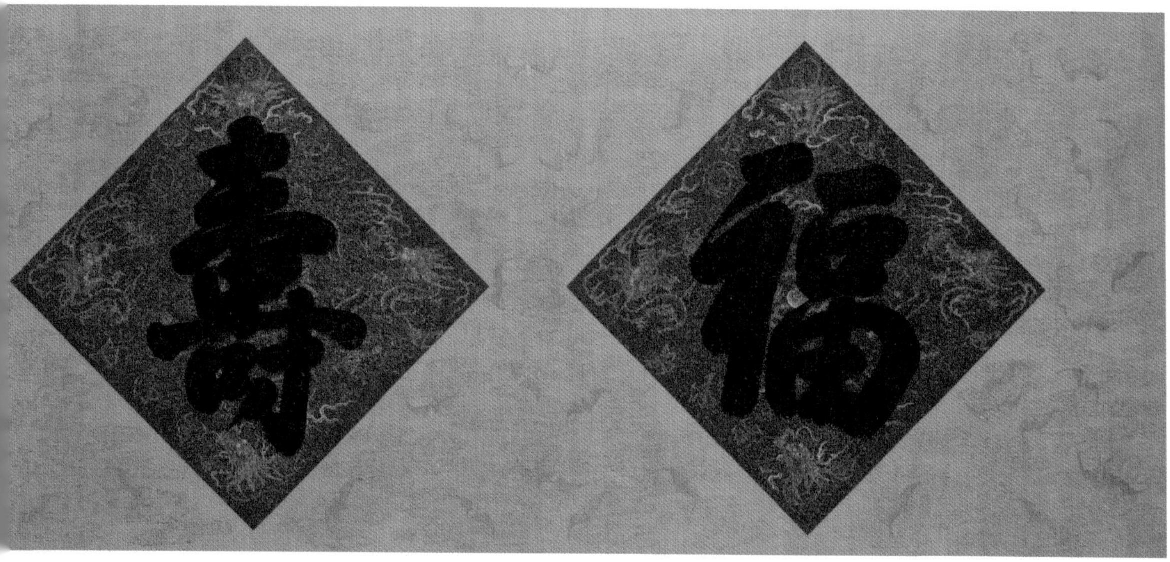

康熙帝玄烨书“福寿康宁”

皇帝所写出的第一个“福”，一般要悬挂在乾清宫正殿。总的来说，皇帝们每年先写二十个福字，悬挂在各主要宫殿和苑囿，其余则赐给臣子，以示对他们的恩宠。康雍年间，清宫里便开始有御笔书写“福”字赏赐臣下的定制。

雍正帝胤禛行书福字斗方

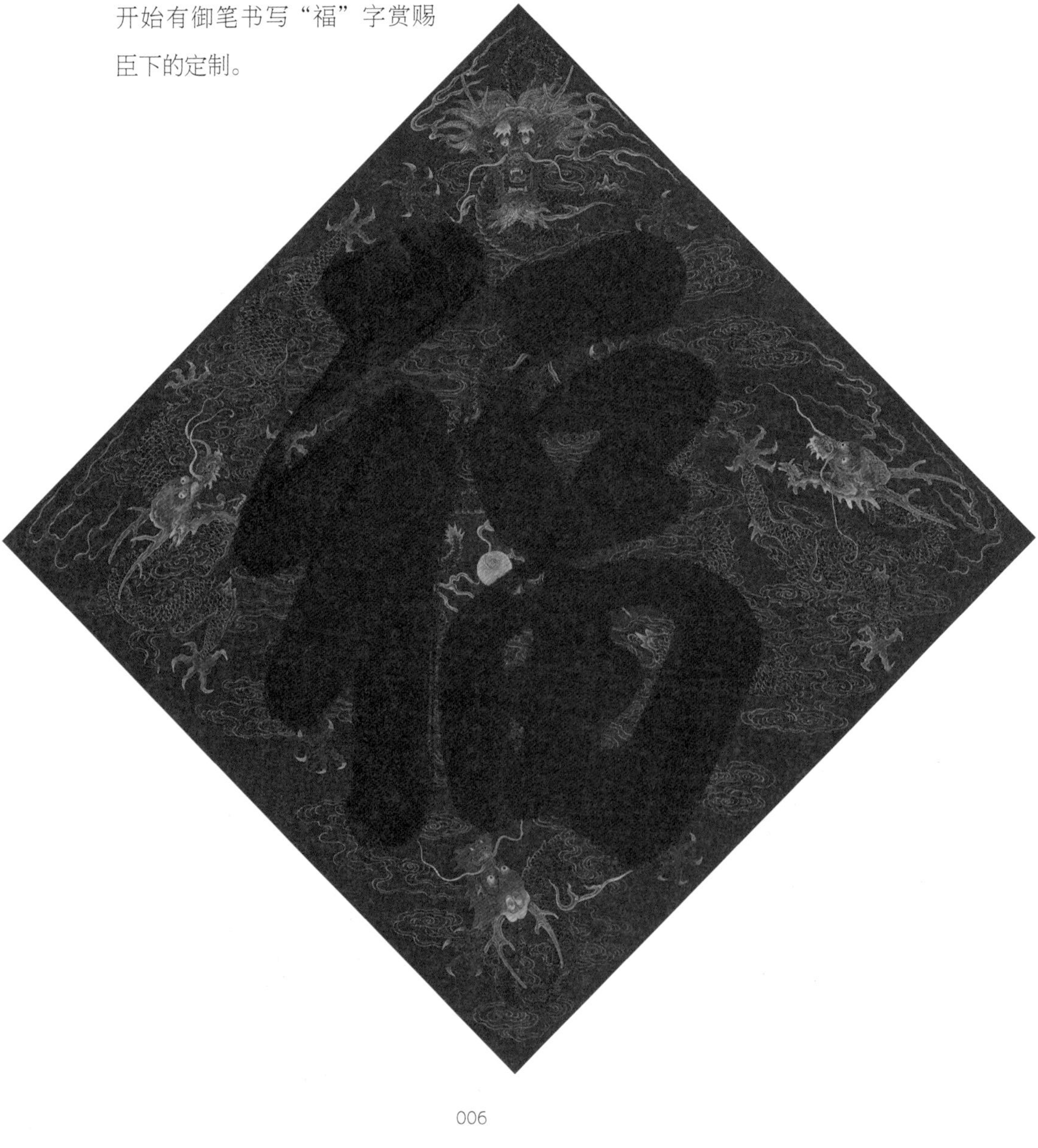

御笔书写“福”字赏赐臣下，最初是赐给皇子、侍卫、宗藩、大臣等。当时，赐福的范围扩大并成为恩例，进而推及直省将军、督抚等地方官员。

当时的皇帝认为：福乃天下之公，而非一身一家之私，赐福封疆大吏，是提醒他们为官一地、造福一方。一般在腊月十五六日，先由奏事处把受赐福字的王公大臣、内廷翰林的名字写在名签上呈进皇帝，由御笔朱圈人名，以备吉日颁福。到开写福字日，由内阁传集颁赐之人，肃立等候于紫禁城乾清门下。皇帝写好后，受赐大臣依次进至御案前跪下，叩头接过。

将“福”字赐予最为重要的臣子，代表着皇帝对臣下无上的荣宠和天恩，承载着莫大的恩惠与信任。而对于臣子来说，能得皇帝御笔赐“福”，不仅是莫大的荣耀，也是全家得到深厚福泽的表现。

何为福气？皇帝认为，诸臣子有福才是他的福气，天下百姓皆有福才是他们君臣的福气。那么如何获得福气呢？只有他们时时存可以获福之心，行可以获福之事，即人们常说的“自求多福”，才能使得诸福集于其身矣。

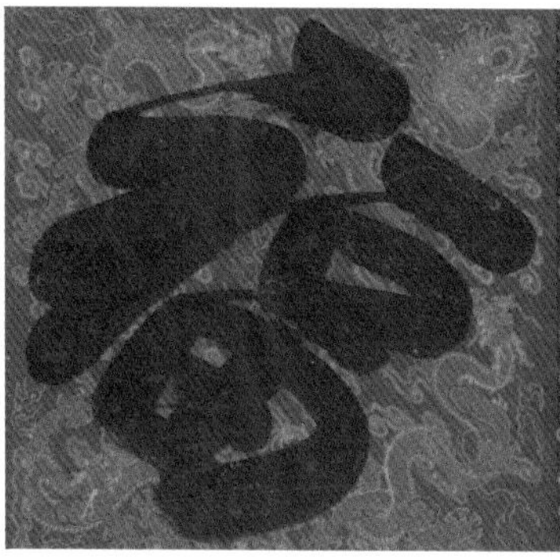

乾隆帝弘历行书福字斗方

嘉庆帝颙琰行书福字斗方

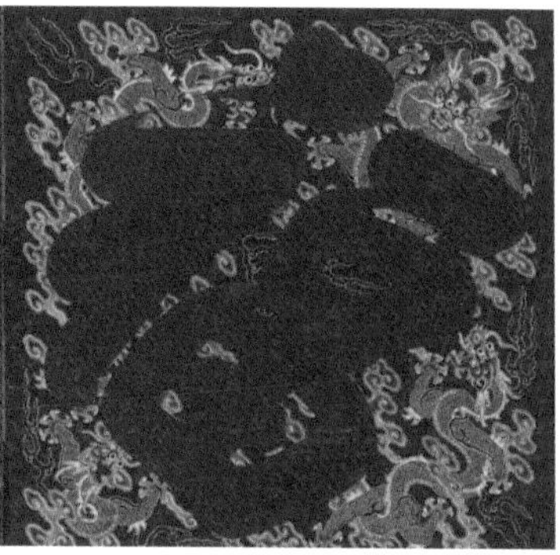

道光帝旻宁行书福字斗方

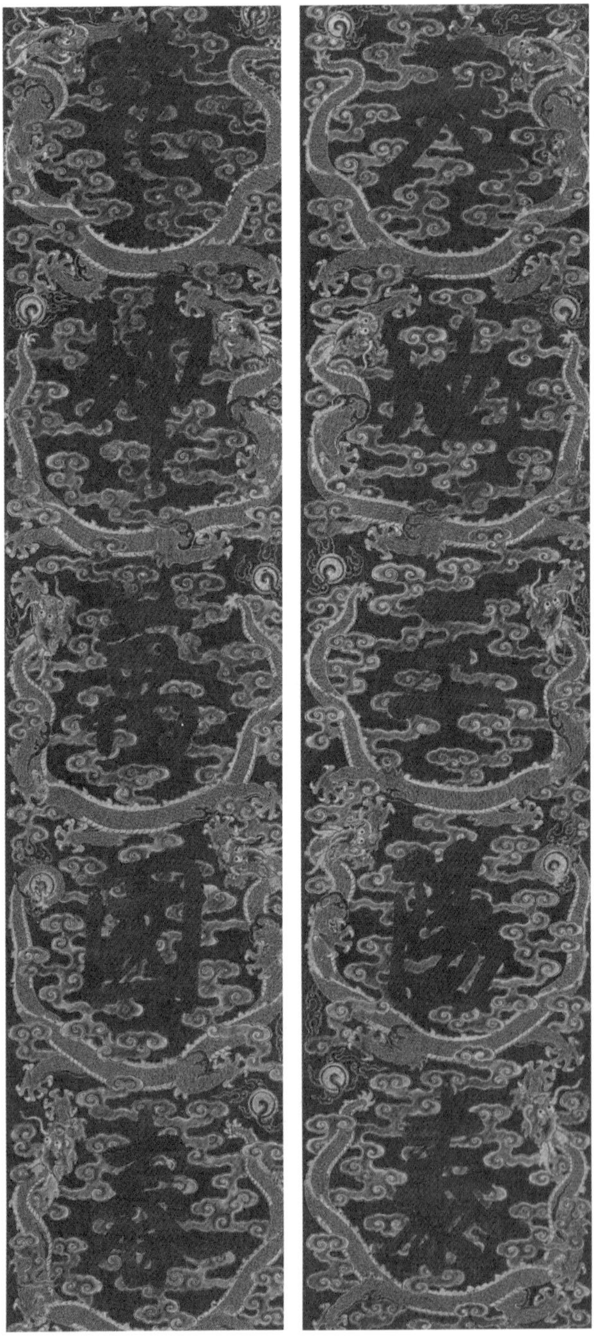

乾隆帝行书五言春联

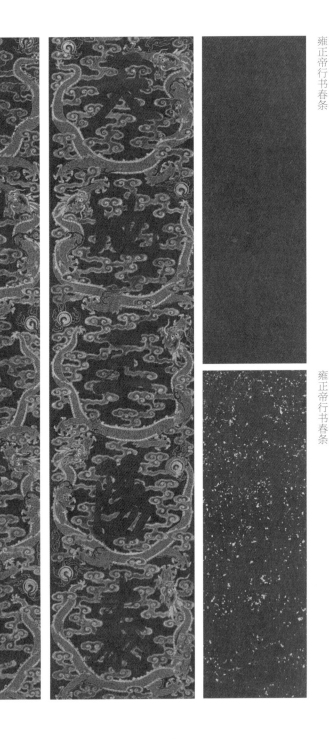

雍正帝行书春条

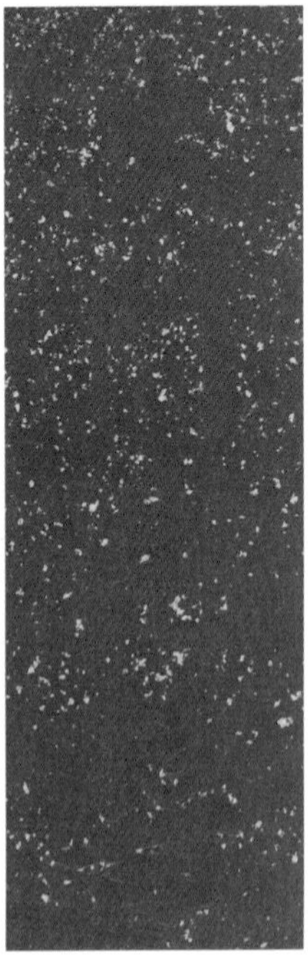

雍正帝行书春条

在书写新年寄语活动中，除了写下“福”字这种方式，清代皇帝开笔所书吉语，还有可能是**春联**、**春条**、诗词等其他形式。它们和民间吉语一样，都蕴含着祈求国运昌隆、家族和睦、子孙绵延的美好心愿。

与民间习俗不同的是，清宫中的春联不光有用龙笺红纸写就的红对联，还有按照满族尚白的习俗，使用白地而缘以红边、蓝边的纸写就的白对联。而**春条**是在过年时贴的**字条**。无论哪种方式，都是帝王们祈福纳祥、祝祷国运等最为质朴的追求。

春条牌

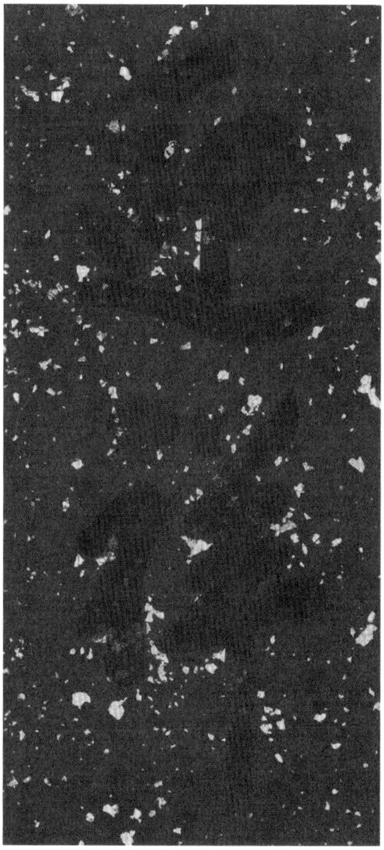
雍正帝行书春条

2. 龙笺红斗方以及清宫纸张

（1）红色描金银龙戏珠绢斗方

乾隆帝特别讲究书“福”的仪式。他在动笔前一定要先焚香，然后开始挥毫。在他之后的各位皇帝，每年写“福”字也都是按着这一套典仪进行。**皇帝书写“福”字用的纸，大多是丝绢制作，叫作红色描金银龙戏珠绢斗方**。而**用来书写对联的纸绢，则叫作朱红绢描金对料**。它们皆以丹砂为底色，以白纸托裱。关于前者，四边绘五条描金云龙，其中一条龙盘踞正中一角，张牙舞爪。两条行龙在肩，两条游龙下潜呈托举状。五龙构成一个方格，中间一火珠。龙体周身围绕灵芝祥云。龙身以金线双钩，龙睛、龙鳞等处以银色映衬。斗方色彩艳丽、图案喜庆、端庄大方，极具皇家气派。

红色描金银龙戏珠绢斗方

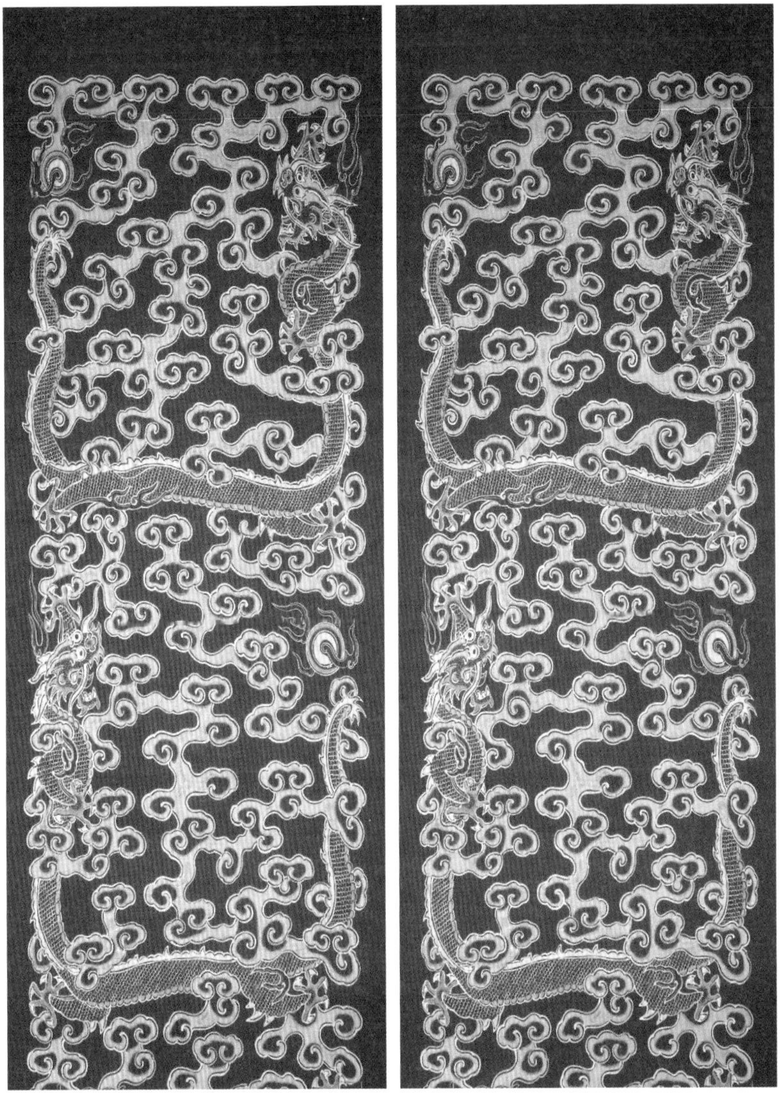

朱红绢描金对料

（2）传统造纸的历史

中国是世界上最早发明造纸术的国家。**早在西汉中期，宫廷内已经流行利用漂絮法制作的丝绵纸**。古人曾采用丝绵浸水，捶打成薄片，制成“赫蹏”或“方絮”纸。关于纸张的利用，当时人已经有了分类，其中**用于书写者质细、光滑、较厚；用于日常杂物包裹及绘图者则相对粗糙**。如1986年在甘肃天水出土的**放马滩纸**、1957年陕西西安出土的**灞桥纸**等，都是各种植物纤维的混合体，质地比较粗糙、疏松，内含尚未打散的纤维团，纸面凹凸不平，距离后世专门的书画艺术用纸尚远。

到了东汉时，造纸的具体技术已经进行了规范，原料来源也得到了扩大。例如各种各样的植物纤维，以及烂渔网、破布等那些人们瞧不上眼的东西都能变废为宝。**此时的纸不仅在白色质地上实现了薄且细的效果，而且产量也大幅度提高，由此出现了真正供书画使用的纸**。例如1974年甘肃武威出土的东汉旱滩坡麻纸，纸质柔软平滑，紧密细薄，为单面胶状涂布加工纸，涂层细平均匀，适宜书写，在质量上比西汉纸有了明显的进步。**晋唐时期，中国的造纸术已经发展成熟。纸张开始逐渐取代简帛成为主要的书写材料**。此时的麻料被进一步改良，所造出的纸质地坚韧洁白。随着人们针对各种材料的不断探索和反复试验，**竹纸、绵纸、谷纸**等纷纷出现。另外在古越州地区有**剡藤纸**，它是以藤皮为主要原料制成的纸。其纸质匀细光滑，洁白如玉。皮料制作的纸比麻纸更好，其质地坚实，富有韧性，耐拉耐磨。

唐代在东南沿海地区有以水草、苔藓做原料的**苔纸**。蜀地有由蚕茧制成的**茧纸**。这种纸的质地较薄且呈半透明状，流行于唐末五代，显示出当时蜀地较高的造纸工艺水平。不过在唐代最流行的还是**皮纸**。唐代文学家韩愈在他写的《毛颖传》中，把纸叫作**“楮先生”，指的就是以楮皮为原料制的楮皮纸**。楮皮纸的纸质柔韧，纤维交错，落墨起色，能明显体现出墨色变化。**皮纸是一种统称，其原料包括瑞香皮、桑皮、楮皮、藤皮、木芙蓉皮、青檀皮等**。北宋时，**桑皮纸**已取代麻料成为主要的造纸原料。其纸质柔韧而薄，纤维交错均匀，色泽洁白，纹理美观，墨韵层次鲜明。纸纹扯断如绵丝，所以又称为**绵纸**。至南宋，竹纸生产更是有所提高。其中以福建所产的印书用竹纸最为出名。竹纸质地细嫩柔软，韧性好，吸水性强，用于书写、印刷，容易吸墨，字迹经久不变，宜书宜画。不仅如此，竹纸产量多，成本低，适宜大量使用。

明清时代的造纸业继续发展，生产了各种高质量的本色纸和加工纸。特别是**宣纸**制作更精，使用也更为普遍。此时池州、宣州等地的造纸业已经出现逐渐向泾县集中的趋势。宣纸作为一个地域品牌，已经在全国造纸业中居于首要地位。随着宣纸的制作工艺日益复杂，人们在青檀皮中加入了一定数量的沙田稻草。其中檀皮多者被称为净皮，稻草多者为棉料。传说明代永宣时期的**素馨纸、羊脑笺**因质地优良而常被充作贡品。随着民间印刷出版业的兴起，浙、闽、赣等地区出产的**毛边纸、连四纸**等，成为明清时期民间主要的书画用纸。它们主要以竹子、稻草等植物为原料制作而成，成本较低，可以大量生产。

南宋竹纸

（3）纸张的加工

宣纸，是指在宣州地区生产的、以青檀皮为主要原料的纸。又因其主要产地在安徽泾县，或谓“泾县纸”。早在唐代，宣州地区生产的各种类型的纸，统称为“宣纸”，即宣州纸，曾被列为贡品。

自明代开始，以青檀皮为主要原料制成的宣纸纸质柔韧，洁白平滑，细腻匀整，不蛀不腐，久藏不坏，润墨性强，不仅能够保持墨色本身的鲜艳光亮，而且在清水的作用下，善于表现笔墨的浓淡润湿，变化无穷。宣纸的生产**制作过程，一般要经过搽制、蒸煮、打浆、除沙、配料、抄纸、烘纸、检验等多道工序**。其制作与一般纸相比，虽然在工序上基本一致，但是在选料、蒸煮、漂白等工艺上要求更加严格。例如在选料上，人们常选择多年生上等青檀树皮和沙田稻草。由于树皮和稻草的比例不同，纸面的光洁和柔韧程度各有区别。另外，**在造纸过程中，水质的好坏直接影响宣纸的质量**。尤其是在抄纸过程中必须使用冰冷山泉溪水，可以使纸纤维的悬浮效果更好，制成的纸张细薄光润，纤维致密，经久耐用。

安徽巡抚王之春进贡白素宣纸

那么为什么会出现这么多品种的纸呢？

原来，自魏晋以来，人们为了改善纸张的物理性能，尤其是避免纸纤维的间隙过大，或防止虫蛀，或增强美观效果，采用了各种方法。最初，是施胶法和染黄法的广泛运用。加工纸的方法越多，纸张的品种就越多。工匠们将宣纸分为生、熟两种。**生宣书画皆宜**，生宣经煮硾或涂蜡的被称为“熟宣”。**熟宣着水不洇，经得多次皴染后仍适宜于画工笔重彩**。它们制作精致，色彩鲜艳，纹饰华丽，令人赏心悦目。

就宣纸的加工技术而言，明清时代的工匠们在**施胶、加矾、加蜡、染色、印花、砑光、洒金银**等方面都取得了显著成就。**饾版**是将画稿图案按不同颜色和层次分别制成多套木版，然后逐块依次套印，使画面色彩的浓淡、深浅、阴阳向背各有区分。**砑纸**是用雕有纹理或图案的木质或其他硬质材料制成的模子，在纸面上重力按压。这样纸面上就出现了相应的纹理或图案，千姿百态，非常生动。此技术在唐代就已经出现。它对纸质有很高的要求，只有韧性比较好的上等皮纸才能承受模子的压力，效果才会好。拱花则是利用凸凹两版嵌合挤压，使纸面上的各种花草树木、山川云朵凸起，具有强烈的立体效果。这些技术不仅有效地解决了原纸过于透光、渗水、强度不足以及表面凸凹不平的缺陷，而且将纸面进行了较大程度的再装饰。这样的宣纸不仅好看，而且不蛀不朽，可以长期保存。

蜡笺，又称“蜡纸”，一般多用麻纸或宣纸通过施粉彩加蜡砑光等艺术加工而成。古代工匠在纸上涂蜡是为了增加纸的透明度，同时也有使纸光滑防潮的作用。在唐代，著名的硬黄纸和硬白纸是蜡笺的主要品种。**硬黄纸**是在前代染黄纸的基础上加工而成。其原纸一般多用麻纸，先经过黄檗汁浸染，然后把纸放在热熨斗上，用黄蜡涂匀，再经过砑光、熨烫使平，亦称“黄硬”。这种纸虽然稍硬，但莹澈透明。同时它又具有防湿潮、久藏不朽的特点。黄色在“五行”中是正色，故古时凡神圣庄重的物品常饰以黄色，重要的典籍、文书也取黄色。故染黄纸深受当时人们的青睐。

在宋代，比较著名的硬黄纸有**藏经纸**、**椒纸**等。其纸呈金黄色，纸质细薄有光，纸性坚韧耐久。**硬白纸**是相对硬黄纸而言。这种纸不施色，只以蜡或其他药料涂满原纸的两面，再以卵石或弧形的石块碾压摩擦，使之光亮、润滑、密实，使纤维均匀细致。纸的厚度比硬黄稍厚。另外

藏经纸

绿色描金银折枝花纹粉蜡笺

还有粉蜡笺，又称“粉蜡纸”，系在“熟宣”的笺面上涂各色粉料，并施蜡而成。

正是因为宣纸分类的标准和方法不尽相同，花色品种亦多样，故而名称多有差异。例如：

清代宣纸根据配料的比例，可分为皮料、棉料、净料三大类；

按尺寸大小规格分为四尺、五尺、丈二和丈六等；

以厚薄分为单宣、夹宣等；

以加工处理的程度和吸水能力则分为生宣、熟宣与半熟宣等；

按装饰效果来分则有描金银、洒金、泥金、金银箔等。

而按照不同产品的表面工艺特征，可分为虎皮宣、珊瑚宣、冷金笺、玉版宣等。

虎皮宣纸

（4）清宫名纸

清代文学家曹雪芹之祖父**曹寅**（1658—1712）所进**粉笺**是清代宫廷御用纸的代表。

从图纹的制作技术看，这些粉笺采用了砑纸和套版印刷技术。其上的时间款识尤为珍贵，因为传世古纸普遍缺乏确切的时间信息。可以说，这批纸是目前故宫博物院所藏清宫御用纸张中，能够把加工技术、艺术水准，以及时间都结合起来的唯一参照物。

康熙四十八年（1709），曹寅在江宁织造职上所进这批粉笺有牙白、灰白、黄三种颜色，同色者以十张合为一卷。质地细腻，厚薄匀净，绘图精良。笺纸加粉砑花后分别映现梅鹊松竹、灵芝兰石鱼藻、兰花凤凰、兰花流云四种题材，画面生动有趣，线条纤细，意境清雅超逸。

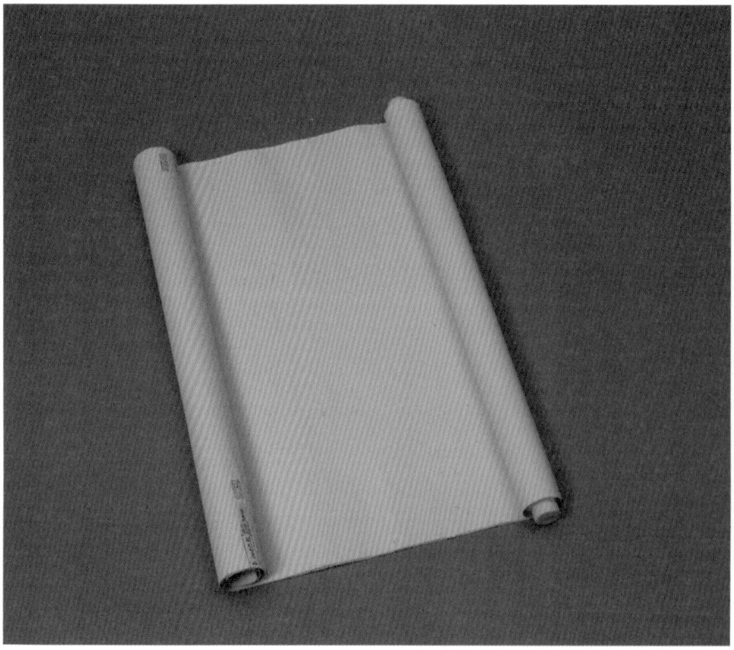

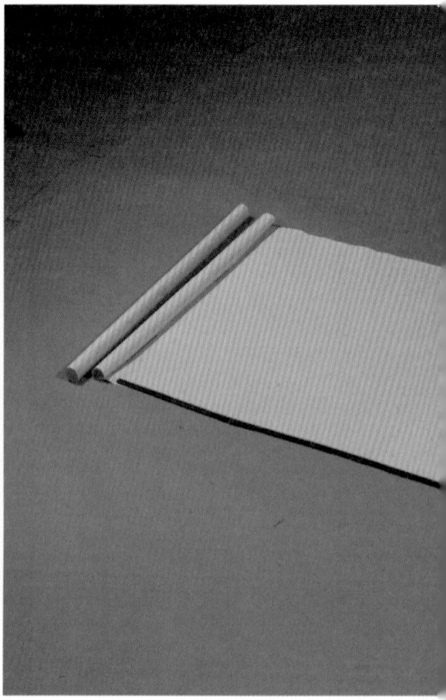

到了乾隆年间，清宫笺纸制作更为兴盛。为了达到更好的书写效果，弘历曾在书法习作中多次使用珍稀的宋代笺纸。他还不止一次在诗文、题跋中谈到了宋笺，认为宋笺适宜书写。

然而宋笺珍稀难得，乾隆皇帝只得命人仿制。在这些仿古名笺中，以**澄心堂描金山水纸、描金梅花玉版笺、仿金粟山藏经纸、仿明仁殿纸**等最为知名。这些宫廷用纸整体气氛富丽堂皇，质量上乘。特别是每一张带有装饰图纹的纸张，皆可称为一幅精美的版画作品。例如**淳化轩御制笺**，绿色纸基上饰有描金折枝花纹，左下角有“淳化轩御制笺”朱文隶书印记。笺之粉层较薄，蜡层光泽较弱，但描绘花卉笔触尚精。又有**描金松鹰图粉蜡笺轴**，笺上描金绘出松鹰图，以金色的深浅变化，表现画面的远近关系。展之于光下，闪耀五彩光芒。

曹寅所进牙白色粉笺（左）　灰白色暗花粉笺（中）　黄色暗花粉笺（右）

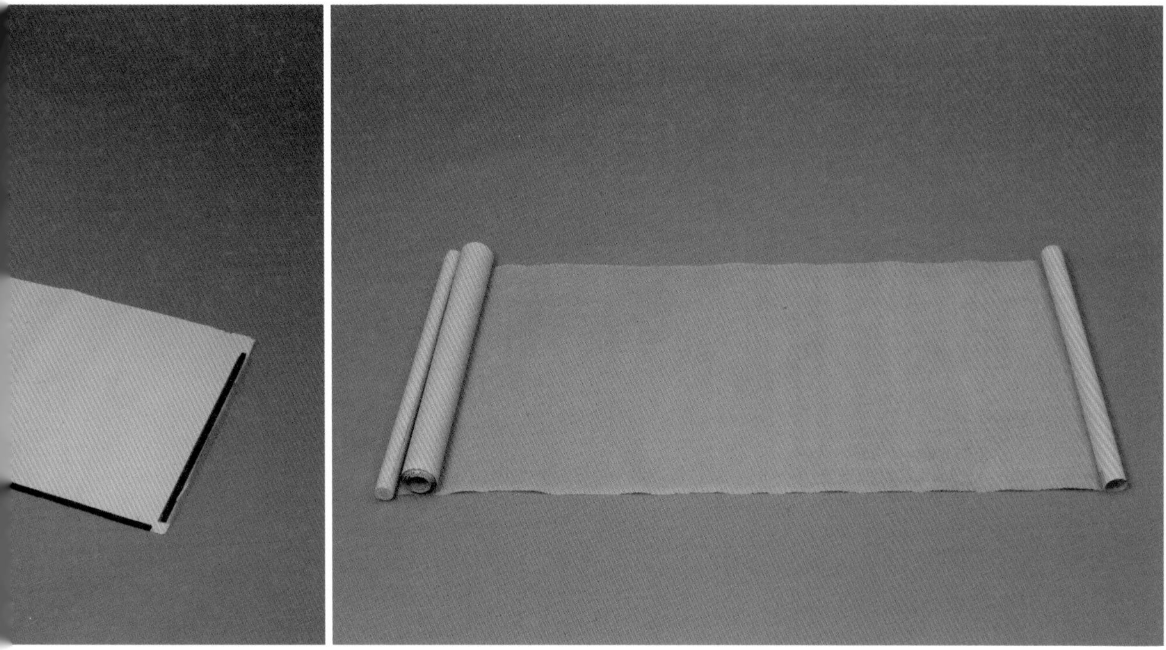

淳化轩御制绿色描金折枝花纹粉蜡笺

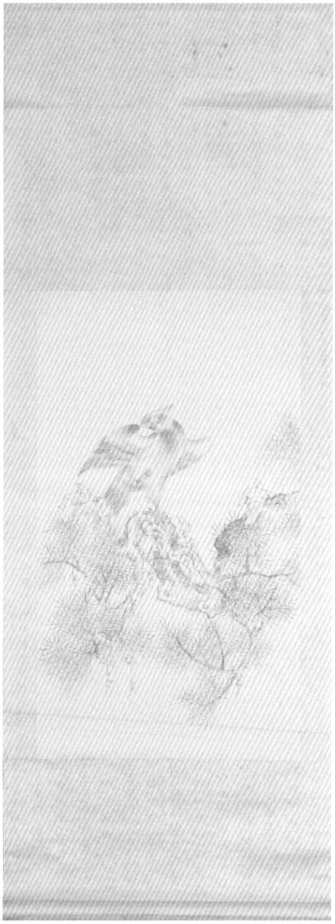

描金松鹰图粉蜡笺轴

再如各色**描金龙蜡笺**，纸面以金或银绘山水、花卉、如意云纹为地，再加绘龙凤、博古或花鸟、蝴蝶为图案。

此纸质地柔韧，表面光滑，色彩亮丽，制作精美，画工细腻而传神，主题栩栩如生且有相当的层次感。

澄心堂纸是南唐时期的一种名贵皮纸。南唐后主李煜（937—978）特别喜爱用这种纸写诗作画，特辟其祖李昪节度金陵时宴居、读书、阅览奏章的日常活动场所——澄心堂加以贮藏，故称“澄心堂纸”。其纸薄如卵膜，坚洁如玉，细薄光润，非常适合书法和绘画创作，从而誉满天下。

澄心堂纸的制作工艺十分讲究，无论选料、抄造、加工还是储存皆费时费力，十分辛苦。工匠需要在寒溪中浸楮皮料，舂碎后制成纸浆，再在冰水中举帘抄纸，焙干后制成。之所以要使用冰水抄纸，目的在于使纸张纤维悬浮效果更好，以保证纸张的质量。**当时的澄心堂纸，与李廷珪墨，龙尾砚、诸葛笔并称南唐的“文房四宝”**。北宋一些高级文人

苏轼游赤壁蜡印故事笺

也视其为珍宝，竞相咏诗称颂。清乾隆年间的仿品多为彩色粉笺，上绘泥金山水、花鸟等图案，并署**“乾隆年仿澄心堂纸”**隶书款朱印。

金粟山藏经纸又称“金粟笺”“蜡黄经纸”等，也是传说中宋代以来最优良的纸张之一。因有人曾将大批量的优质藏经纸保存于今天浙江海盐西南金粟山下的金粟寺中，用于抄写、印刷寺藏经书，故名。这种纸沿用了唐人制作硬黄茧纸的传统工艺。它以桑皮纸或麻纸为纸坯，染以黄檗，再置纸于热熨斗上，涂黄蜡砑光展平而成，较普通纸光滑挺括，具有防潮防蛀、颜色鲜艳等特点。

宋人赵希鹄在《洞天清禄集》记载：

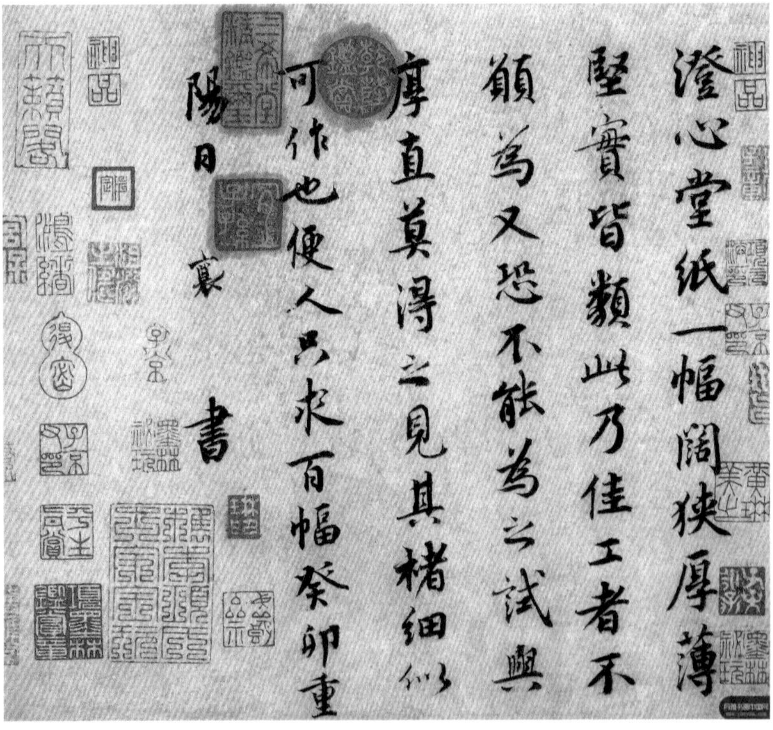

宋蔡襄《澄心堂纸帖》尺牍　[中国台北故宫博物院藏]

“硬黄纸，唐人用以书经，染以黄檗，取其辟蠹。”

明胡震亨《海盐县图经》也记述：

“金粟寺有藏经千轴，用硬黄茧纸，内外皆蜡磨光莹……纸背每幅有小红印曰‘金粟山藏经纸’。后好事者剥取为装潢之用，称为宋笺。遍行宇内，所存无几。”

其纸的两面皆涂黄蜡，表面光莹细润，坚韧细密，无纹理，显得十分平整厚实，适合书写和印刷。清仿金粟山藏经纸制作不惜工本，因此其纸精美异常。

乾隆仿明仁殿画金如意云纹蜡笺是用多层桑皮纸加工而成的蜡笺。明仁殿纸为元代内府御用纸张，以元大内宫殿命名。

明人萧洵《元故宫遗录》云：

自瀛洲西度飞桥，上回阑，巡红墙而西，则为明仁宫。

仿金粟山藏经纸

乾隆年仿明仁殿画金如意云纹蜡笺

元人陶宗仪《辍耕录》记载：

文宗开奎章阁，作二玺，一曰“天历之宝”，一曰“奎章阁宝”。……今上（皇帝）作二小玺，一曰“明仁殿宝”，一曰“洪禧”。

又有：

明仁殿纸与端本堂纸略同，上有泥金隶书“明仁殿”三字印。

笺纸两面用粉色加蜡砑光，上绘泥金如意形云纹图案，右下角有双行朱文隶书“乾隆年仿明仁殿纸”八字长方印。纸质坚厚而平滑光洁，涂粉均厚鲜艳，蜡层光亮，描金华丽。

乾隆梅花玉版笺为皮料质地，白色纸基，通体为泥金冰纹所覆，点缀梅花朵朵。笺右下角钤朱文隶书“梅花玉版笺”五字，界以勾云长方栏。清人沈初曾在《西清笔记》中提到：

内库藏明代香笺甚多，今制尚沿其旧，亦宋人蜡笺遗意，而坚致过之。上命造梅花玉版笺、仿澄心堂笺、云龙笺诸种尤胜。

梅花玉版笺在表层涂布白色粉料，再施以涂蜡工艺，故具有纸表光洁、质地坚韧、防蛀防潮等特点。其图纹由宫廷画师设计，整体风格清新之中有柔美，是工艺性、艺术性兼备的纸张精品。据清阮元《石渠随笔》记载：

梅花玉板笺极坚极光滑，上用泥金画冰纹，间以梅花，乾隆年仿梅花玉板笺，亦用长方隶字朱印。

其中提到的“上用泥金画冰纹”等信息，反映了纸笺纹样的表现手法，即工匠直接描绘冰纹、梅花于纸张上。

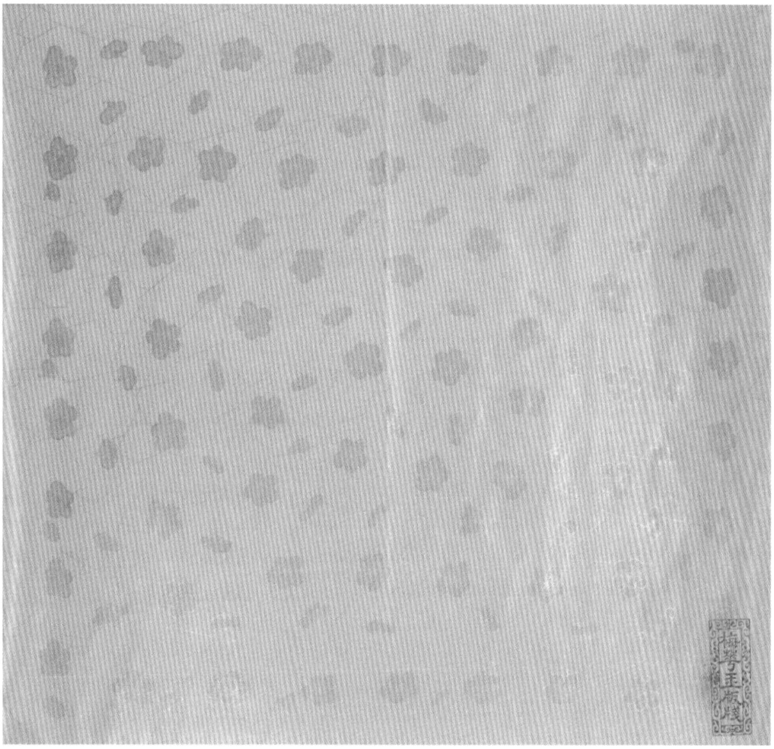

乾隆年仿梅花玉版笺

开笔

王安石道：

『爆竹声中一岁除，春风送暖入屠苏。』

古代称春节为元旦，

『元旦开笔』是流行于民间与宫廷的一种传统习俗。

大年初一这天，

人们在红笺上写两句话，

祈求百事大吉、风调雨顺。

皇家的元旦开笔仪典又被称作『明窗开笔』，

庄重而繁复。

大年初一，子夜时分，

养心殿东暖阁内的紫檀长案上，

皇帝在『玉烛长调』烛台的灯光中，

饮尽『金瓯永固』杯中的屠苏酒，

用『万年青』笔写下对新年的希望和期盼。

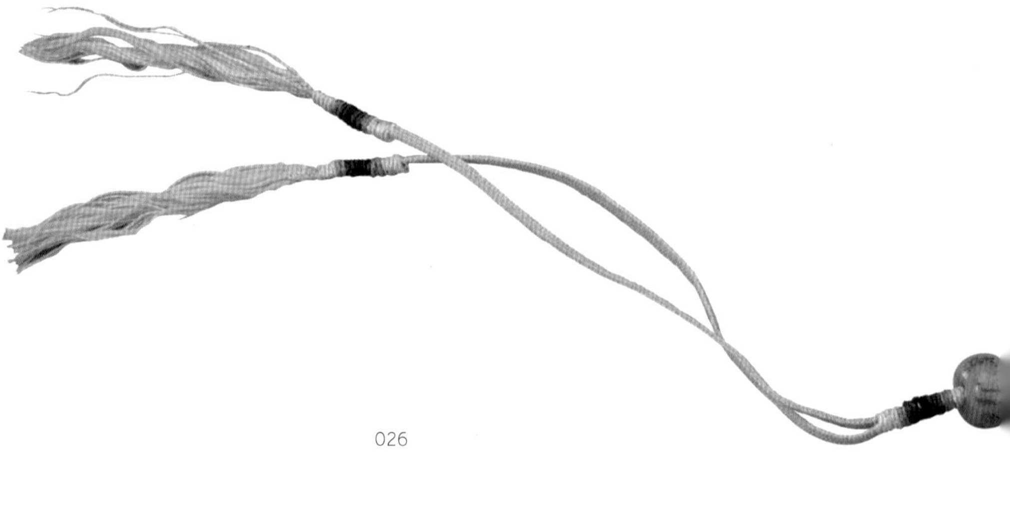

1. 封笔与开笔

清高宗乾隆皇帝（1711—1799），名弘历，爱新觉罗氏，是中国历史上一位比较有作为的皇帝。作为新年所有典仪的中心和主角，他上须祭神明和祖先，下须犒赏臣子和百姓，外有番邦外族要宴请，内有宗室亲朋要眷顾。

随着新年的临近，皇帝愈加忙碌起来。他只能在除夕下午“封笔”，给自己放假，可算是朝廷里最后放假的一个人。他会在宫中亲手点燃名香，向所用御笔致敬，道一声辛苦。从除夕封笔到元旦子时开笔之间几小时内，他不能动笔写字。如果有紧急的军务报告，只能让身边的大臣代替他写。

金嵌红绿石斋戒牌

即便如此，除夕当天，他已经在保和殿内宴请了蒙古王公，观看了戏曲表演，晚上还进行了守岁。然而事情还没完，待到子时，皇帝会在元旦这日，继续迎来更加繁忙的一天。

从元旦子时开始的“开笔”仪式是与除夕下午举行的“封笔”仪式相对应的。**“开笔”意思是大年初一凌晨，皇帝在黄笺上写下新年的第一笔字。这也代表着新的一年工作的开始。元旦开笔，又叫“元旦举笔”“元旦动笔”，本来是流行于民间的一种习俗。**

元旦这天，老百姓会在红纸上写两句话，第一句话写“元旦开笔”，第二句话写自己当年最大的心愿。开笔内容随人所写，并无一定，如“元旦开笔，百事大吉”“元旦开笔，读书进益”等。既然士农工商都如此，帝王当然也不会例外。据记载，清宫中元旦子时“明窗开笔”之典，起于雍正元年。康熙六十一年（1722），雍正皇帝经过多年殊死争斗，终于脱颖而出，荣登大宝。雍正元年（1723）元旦，刚刚登基四十多天的胤禛迎来了自己作为皇帝的首个新年。他在朱笺上写的是：

“春韶介祉，开笔大吉”以及“一入新年，万事如意，五谷丰登，天下太平，民安乐业，边尘永息，大吉大吉”。

他在位的前几年中，绝大部分的元旦开笔都在祈求宫中“清泰平安”或“清吉和宁”等。只是雍正八年六月，雍正皇帝得了一场大病，几乎殒命。经过这场生死大劫后，雍正九年元旦开笔中，他写道：

新年节令……无灾无病，此吾之愿也。

祈愿的是自己的身体康健。我们不难看出，其元旦开笔无论从形式上还是内容上，都非常个人化。雍正以后，此举遂成清代定制。

喜好书法的乾隆帝，曾御笔亲书“明窗”二字牌匾在养心殿东暖阁的墙上，所以也就称为**“明窗开笔”**。

此屋明窗是一面镶玻璃的窗户，在养心殿前殿东次间南窗。当时大面积平板玻璃稀缺，宫中窗户大多数还是裱糊高丽纸，这处大玻璃窗户殊属难得。弘历在养性殿《明窗》诗中注曰：

养心殿东暖阁临窗坐处，颜曰明窗，固取窗纸通明，亦寓明目达聪之义。养性殿虽仿其制为之，然系他日归政后所居，仅取明窗本义。

养心殿前殿东次间

清帝的元旦开笔活动，较民间不仅增加了庄重的礼仪程序，而且在内容上赋予了更多的社会政治意义和思想内涵。

每年元旦子时，也就是除夕的午夜，刚刚进入初一的时刻，在爆竹声中，居住于养心殿后寝宫的皇帝，便起床洗漱毕，走到前殿东暖阁南端的明窗之前举行“**开笔之典**”。

在开笔仪式进行之前，侍者们早就把几件必备物品准备好：

一是**叫作“玉烛长调”的烛台**。“玉烛长调”有四时合序、风调雨顺之意。

二是**先帝在元旦开笔时曾使用过的那支笔**，笔身刻有“万年青”或“万年枝”三字。

三是**镶满珠宝、名为“金瓯永固”的金杯**，杯中注满屠苏酒。“金瓯”指酒杯，亦可指国土。“金瓯永固”一语双关，既可视为希望此杯完美无缺，代代相传，又寓意大清疆土完整，政权永固。

另外还需要一本新刊布的**时宪书**。

以上物件不仅是开笔仪式的御用器物，更成为统治者希望政权稳固、国祚绵长的象征。

乾隆款『玉烛长调』青玉烛台

竹管「万年青」翠毫笔

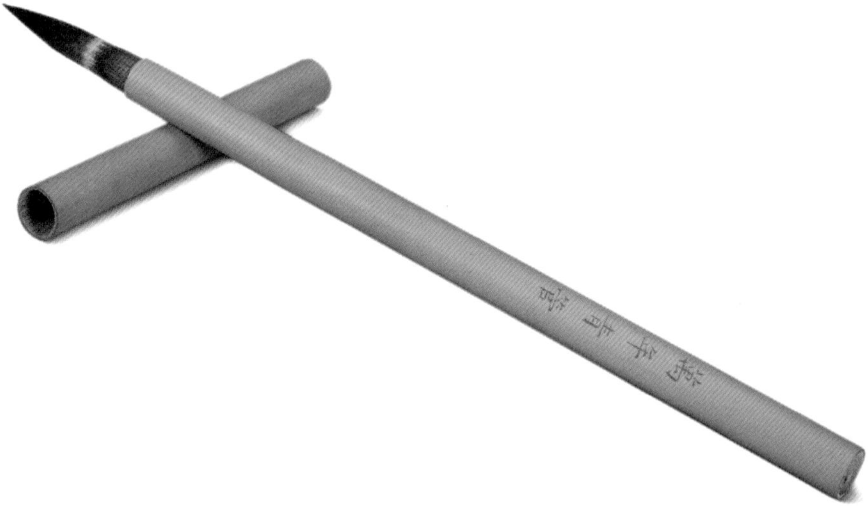

乾隆款金嵌珠石『金瓯永固』杯

皇帝在开笔前，首先要默祷上苍，然后将默祷的话语归纳成吉祥的词句，书写在笺纸之上。其窗前的紫檀长案上，陈设着注满屠苏酒的金杯；另有朱漆雕云龙盘，内盛古铜吉祥炉八、古铜香盘二。

乾隆帝着龙袍书写像

皇帝亲手点燃旁边烛台上的蜡烛。借着烛光，用“万年青”毛笔先御朱砂，后染墨翰，写下开笔吉语。

彩色『三阳开泰五福临门』字方蜡（左） 彩色『天下太平宜春』字圆蜡（右）

在民间，吉语一般都写在朱笺上，雍正皇帝早期亦间用黄笺，但自乾隆皇帝以后，则皆用黄笺。其格式一般是先用朱笔书中行，再用墨笔书左右行。如果一张纸不够，亦可另附他纸。少者二三十字，多者上百字。

朱笔所书内容为乾隆皇帝期许的盛世和谐景象，墨笔所写则抒发了乾隆皇帝对新的一年的祈望。内容不外是祈愿政权稳固、国家安定、风调雨顺、百姓乐业等。

与民间书写吉语不同的是，皇帝写好的吉语径直封存，放入专门的黄匣，不许任何人开看，待到第二年开笔，将新写的吉语仍放入该匣。皇帝去世后，其历年所书吉语应即封存。即便新君即位后，也不得开看先皇的元旦开笔吉语。

书毕，饮下屠苏酒，又将钦天监新进的时宪书浏览一遍，表示皇帝已经为天下苍生“授时省岁”，寓意新年已经开始，人们应做好本年的规划。

饮屠苏酒是自唐宋以来的习俗。北宋诗人王安石曾有**“爆竹声中一岁除，春风送暖入屠苏”**的诗句。此酒用大黄、桔梗、白术、肉桂、乌头等多味草药，辅以冰糖和木瓜酒制成。由于屠苏酒的成分及制作方法均有利于祛疫，因而具有医学科学性。据说在大年初一喝了这个药酒，就可以除去过去一年的污秽，健健康康、平平安安迎接新年。

总之，皇帝在“明窗开笔”礼俗中，所有程序和物品，皆寓意新年、新月、新日、新时的开始。开笔仪式结束后，所用“万年青”笔、“玉烛长调”烛台和“金瓯永固”杯等均收贮起来，以备来年开笔时再用。

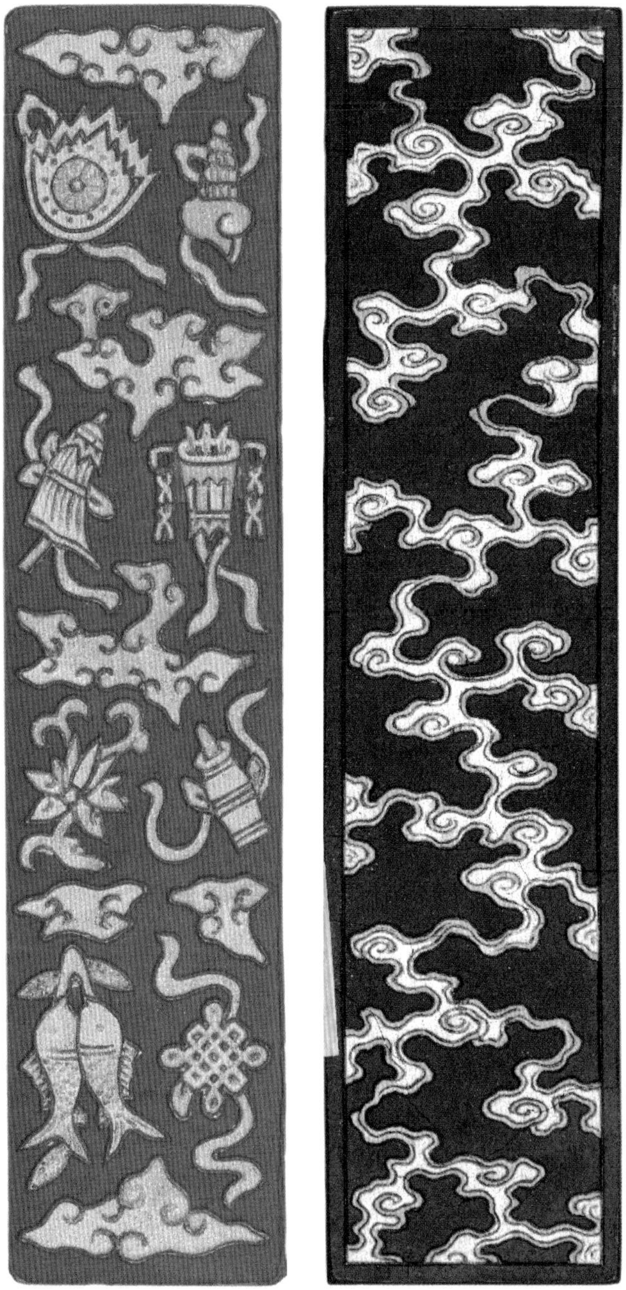

描金八宝云蝠纹朱墨（左） 天章云汉墨（右）

《大清乾隆六十二年岁次丁巳时宪书》

2. 内容

皇帝的新年寄语，事关修身、齐家、治国、平天下等各种美好寓意的事物。字数不多，一般是两三行，内容都是祈求国泰民安、江山永固、风调雨顺、五谷丰登一类的话。除江山社稷和农业收成外，针对上一年发生的大事难事，在清帝开笔中也有所祈求，如任人唯贤、国富兵强、敬祖行孝、后宫和睦以及子孙绵延等内容。

元旦开笔虽然是春节文化的一种习俗，但作为一国之君，他的祈望反映的是其执政思想和理念，解读他们的开笔吉语，不仅可以看出其本人的思想变化，甚至可以从中找到清朝社会兴盛衰亡的影子和思想根源。例如在乾隆元年，初登皇位的乾隆皇帝二十五岁。此时的他，意气风发，憧憬着能够像祖父康熙皇帝一样，创就一世伟业，成为一代圣主。他心中的宏图壮志难以抑制，便破天荒地开笔写了三笺心愿。第一笺上写道：

登基宜良，天下太平，五谷丰登，风调雨顺，日月光明，万民乐业，四海清宁，刀兵永息，长享升平，所求如愿，所愿遂成。

第二笺中行用朱笔写道：

元年元旦，海宇同喜，和气致祥，丰年为瑞。

左右行用墨笔写道：

愿天下臣民永享升平，所愿必遂，所求必成，吉祥如意。

最后在第三笺中更尽情发挥，先用朱笔写了：

天清地宁，海宴河清，天下太平，万姓安生，雨旸时若，百谷丰登，臣民乐业，上下安宁，中外清吉，所向皆从，风调雨顺，大有年成，所求如愿，所愿皆成。

又用墨笔写道：

新年大喜，四季八节十二时永永平安，吉祥如意。

或许是心情过于激动，竟然忘记换笔，“新”字仍用朱笔书写。

这篇吉语多达一百五十六字，证明了此时的乾隆皇帝是何等的意气风发！也正是在这不断的期望、不断的奋斗中，清朝社会呈现欣欣向荣之势。

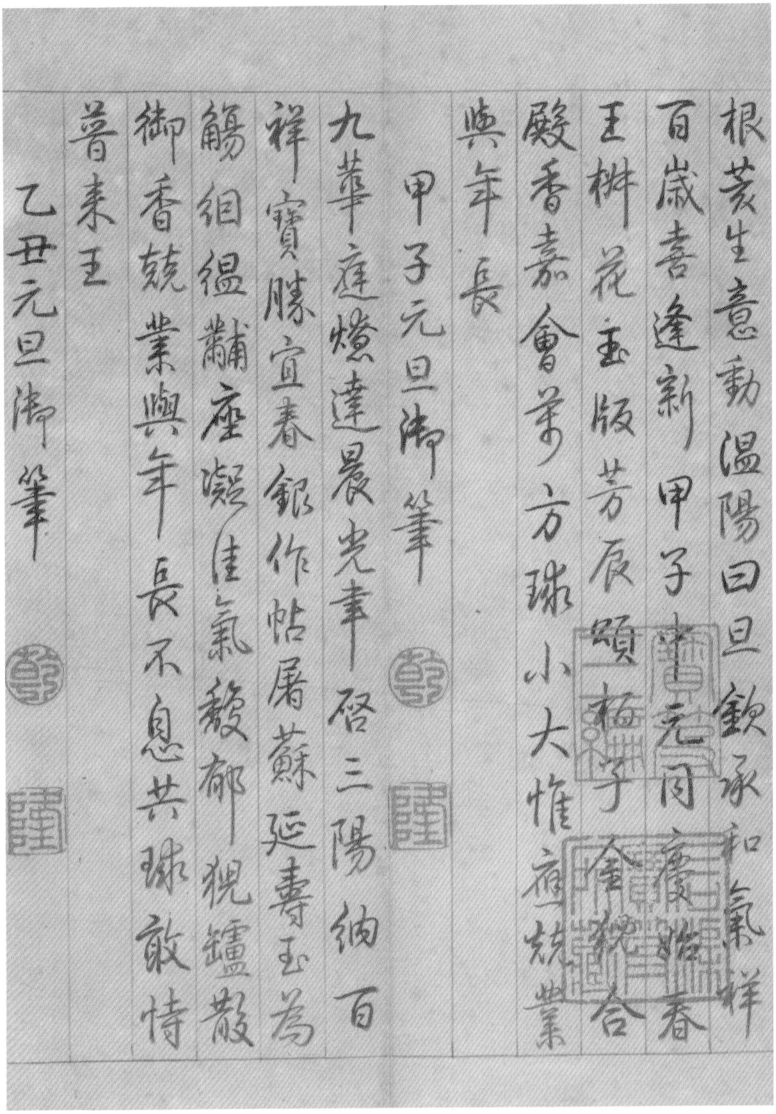

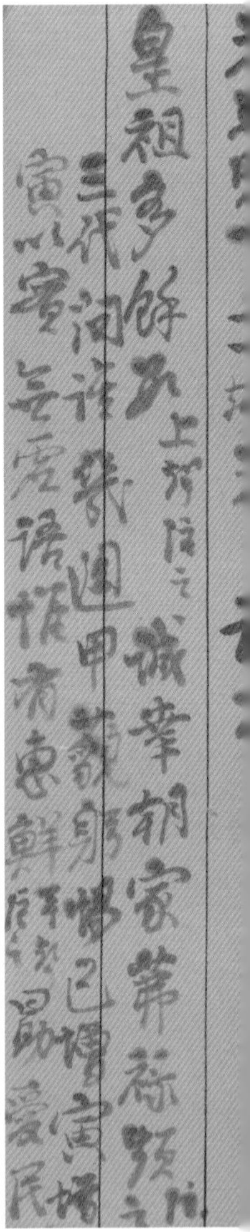

乾隆帝元旦履端集庆册（左）
乾隆帝乙卯元旦诗稿（中）
乾隆帝壬辰元旦试笔斗方（右）

昕然旭彩耀晨光默歲
慈寧長發祥懷任千逢支振昊蒼精
序入節青陽久霙生惕勅宵旰食以
為天課雨暘耕爵章監同日介
萱階眉壽祝無疆 六律調和開鳳
紀一元於轉運鴻鈞敍
天勤政勵初志圖易旦蔬恤小民信著
人增億萬壽泰平歲值秉手書綵箋
試筆宜何句訓著文言在體仁
壬辰元旦試筆二律 御筆

乙卯元旦

『万年青』笔

毛笔属于软笔的一种，
材质多样、装饰喜庆，
具有柔软刚健、富有变化的书写特点。
据记载，
清帝元旦开笔所用之笔铭有『万年青』或『万年枝』三字，
均寓意吉祥长久。
后世笔工尊奉秦代大将军蒙恬为祖师爷。
然而据出土资料分析，
早在距今五六千年的新石器时代晚期就已经有了毛笔的使用。
通过长期的生产实践，
人们认为最优质的笔毫材料是紫（兔）毫、狼毫、羊毫、兼毫四类。
宋代以后，
以『散卓法』制作的湖笔开始成为主流。

清代皇帝使用的毛笔，不仅数量大，而且种类繁多。例如从笔管材质上来分，清宫御笔多为竹制，还有玉石、象牙、陶瓷、雕漆、珐琅、檀木等种类，既有天然材质，又有工艺材质。

有些笔管附有一定的装饰，如云龙纹、龙凤、花卉、福寿字等。雕填为漆工艺的一种，即在漆地上阴刻花纹，内填色漆。彩漆管毛笔在明代最为盛行，多为龙凤纹饰。而清代彩漆管笔多装饰花卉图案。

除了华丽的装饰，笔管上的题铭是清代制笔的一大特色，题铭内容丰富广泛，有寓意吉祥、祈求平安的“万年青”“歌舞升平”；有歌颂政绩的“万国来朝”“万邦作孚”；有摘录儒家经典或诗文之辞的“惟精惟一”“黄流玉瓒”等，在设计和制作中体现了统治者的审美追求和精神风貌。

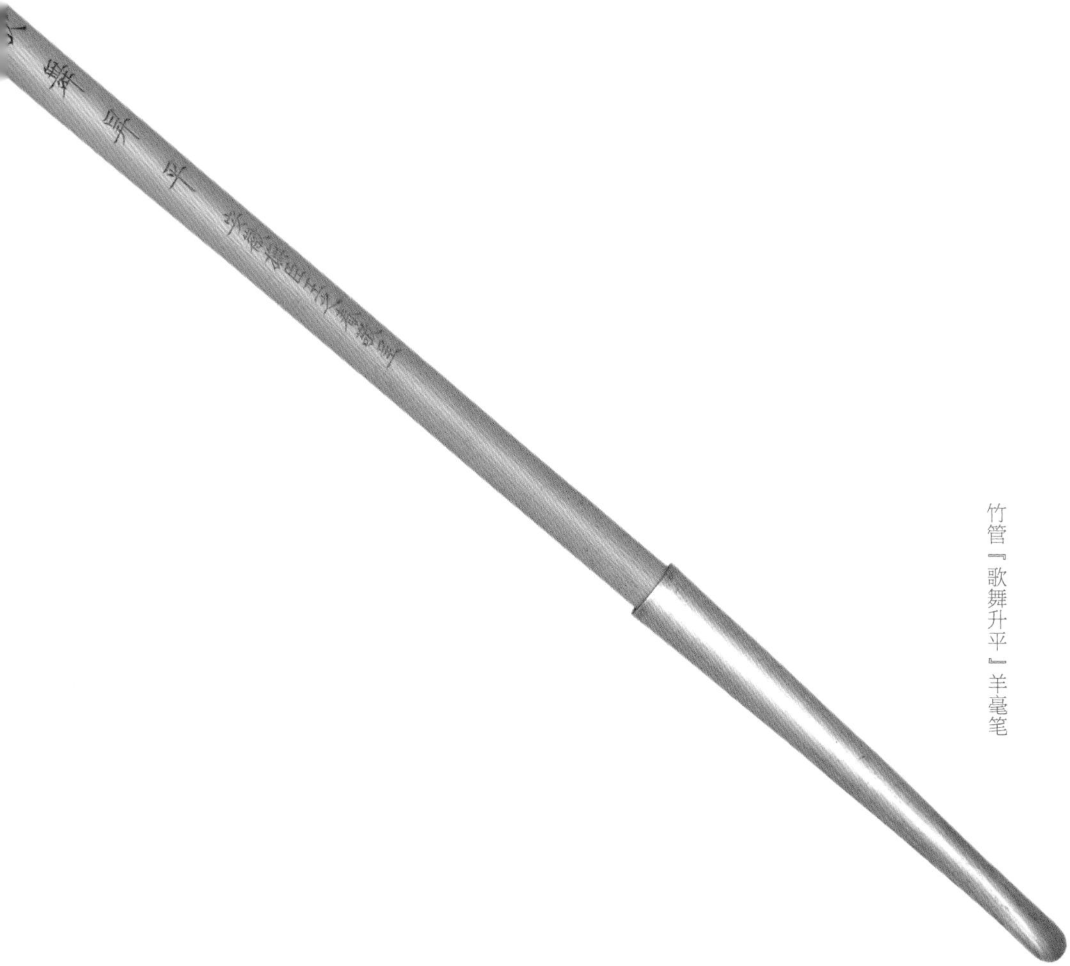

竹管「歌舞升平」羊毫笔

提到笔管上镌刻“万年青”或“万年枝”题铭的毛笔，最有名的就是清代皇帝元旦子时“开笔仪式”上的御笔。**竹管“万年青”紫毫笔和竹管“万年枝”紫毫笔，笔头为莲花式，饰有黄、黑、褐三色，笔管较细，笔直修长，质朴典雅，其上有“万年青”或“万年枝”阴文楷书**。明清以来，万年青因一年四季常青而被视为灵草，是吉祥的象征。又因其谐音“万年清”，故有颂祝之意。而万年枝即青松，和万年青一样都具有四季常青的特点。

古代毛笔的笔管装饰图案大多寓意喜庆、吉祥。例如专为书写大号“福”字而制的**彩漆描金管鬃毫抓笔**：一套五支，共装一盒，形制皆相同。笔锋为鬃毫，竹笋式。毫坚刚直，富有弹性，蓄墨量巨大，可书写擘窠大字。笔毫尾部有丝线缠绕，笔尖包有绵纸。笔管短粗，束腰。通体为彩漆描金纹饰。抓笔又称揸笔，使用时须以五指抓握，故称。

一般来说，笔头的大小与写字的大小成正比，可分为抓笔、提笔、楷笔等几种。例如抓笔的特点是笔锋相对较长且柔软，能多摄墨汁。使用时婉转、圆润、灵活，锋毫便于铺开，写出的字笔画丰满。其笔毫多采用猪鬃、马鬃等长而硬挺的毫料制成。又如**黑漆描金寿字管紫毫提笔**可用于写对联。其笔头为紫毫，笔锋尖锐而齐健，木质笔管上通体饰有金漆缠枝莲纹及寿字纹，色彩对比强烈，朴素大方。类似的笔还有**翠毫**等。

彩漆描金管鬃毫抓笔

黑漆描金寿字管紫毫提笔

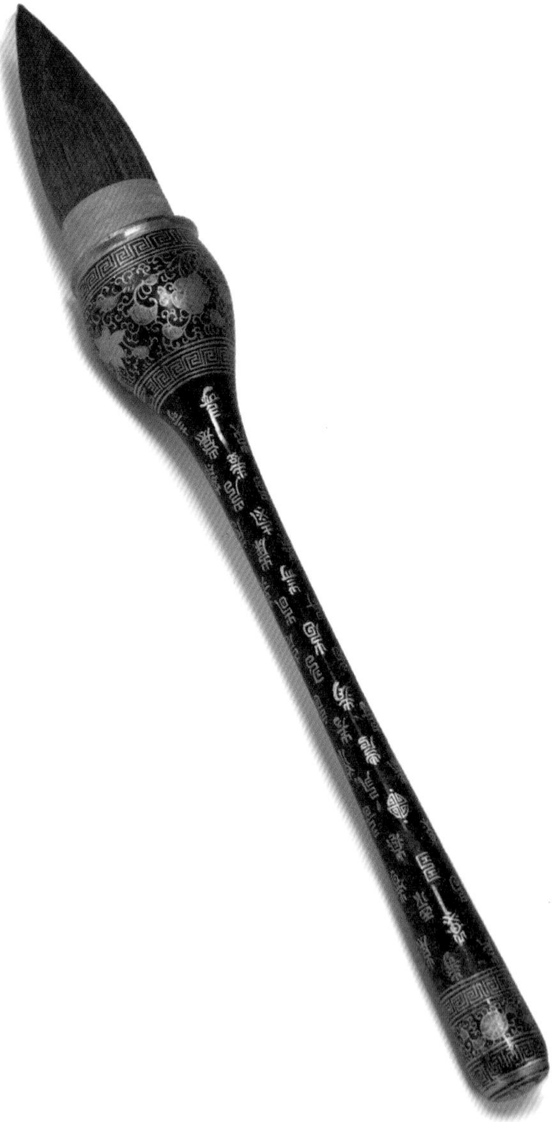

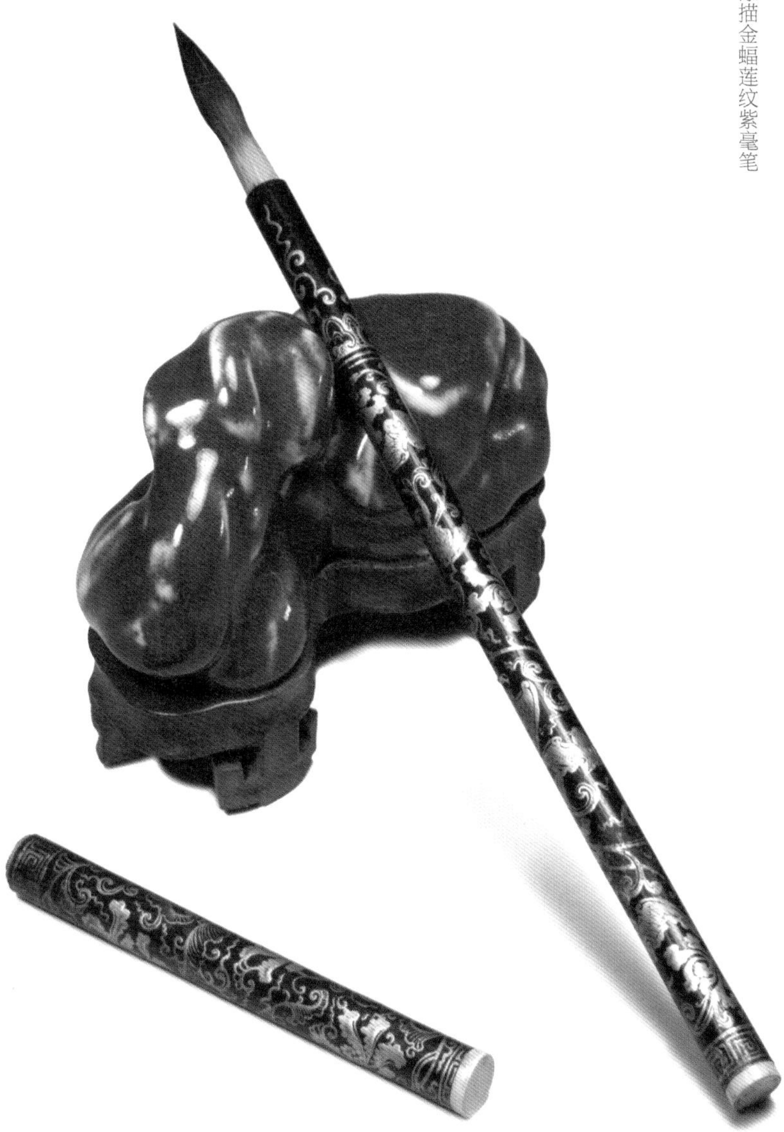

木管黑漆描金蝠莲纹紫毫笔

1. 传统制笔

中国毛笔使用历史十分悠久。毛笔的结构比较简单，主要由笔头、笔管、笔帽等部分构成。又称“毛颖”“管城子”“中书君”“毛锥子”等。毛笔属于软笔的一种，主要以动物的毫毛为原料制作书写部分（笔头），将笔杆一端镂空，将毛置于腔内，具有柔软刚健、富于变化的书写特点。

毛笔有不同的分类方法，如按笔头造型分类，可以分为**笋尖式、葫芦式、兰蕊式及长锋式**；如若按制作原料与笔毫的弹性强弱，则可分为**硬毫、软毫、兼毫**三类。其中硬毫笔包括**紫毫、狼毫**两种。这类笔的笔性硬健，弹力强，蓄水少，画出的线条苍劲爽利。软毫笔多用羊毫制成，笔性软，蓄水性强，多用于对山水画的渲染。兼毫笔是相对纯毫笔而言的。另外，人们也按毛笔的形制大小将其分为**长锋、中锋、短锋**三种。除一般的大、中、小楷外，还可按用途分为**管笔、提笔、斗笔、抓笔**等，适用于大小不同字体的书写。

后世笔工尊奉秦代大将军蒙恬为祖师爷。然而据出土资料分析，早在距今五六千年的新石器时代晚期就已经有了毛笔的使用。不过目前发现最早的毛笔是在战国时期，例如 1954 年湖南长沙左家公山 15 号战国楚墓出土的毛笔，是目前我国发现的现存年代最早的毛笔之一。秦汉时期的毛笔多有竹木质笔杆，兔毛笔头，另带有竹质笔套。

汉代已经出现了一些知名笔坊和制笔能手。此时人们已经有意识地对笔管的质地进行选择。

到晋代，宣州（今安徽宣城）已经成为制笔中心。当地以诸葛氏和陈氏为代表的制笔名家纷纷出现。宋代制笔工艺，一改唐笔锋短，过于刚硬，蓄墨少而易干枯的缺点，进而产生了一种锋长精柔的散卓笔。入元以后，吴兴（今浙江湖州）的制笔业非常发达，促使“湖笔”逐渐在全国流行开来。

清代普通制笔依产地和制作工艺不同，大致分为“湖笔”和“湘笔”两个技术流派。其中后者因产于湖南长沙而得名。这种笔在制作工艺上与湖笔稍有不同，具有廉价、耐久、便捷的特点，多畅销于中南各省。

（1）笔料的选择

择毫精妙是决定毛笔实用价值以及经济价值的必要保障，因而匠人们在选料上要求对每一根毛料的强弱、锋颖、长度以及色泽等进行精心挑选。

制作毛笔笔头的材料主要是兽毛禽羽的动物纤维，也有少量用植物纤维的。通过长期的生产实践，人们最终将笔毫择优归纳为**紫毫**、**狼毫**、**羊毫**、**兼毫**四类。每种毛笔的性能不同，用途也不同。其中狼毫来源较少，可用紫毫、羊毫进行比例调配，故产量较大的毛笔多为紫毫、羊毫及兼毫三种。

除此之外，由于有些使用者凭借自己的兴趣偏爱进行选择，出现了一些利用马毛、鹿毛、麝毛、獾毛、狸毛、鹅毛、鸭毛、鸡毛、猪毛、胎发、人须、茅草、芦苇、树皮等制成的笔。

① 紫毫笔

兔毛作为制笔中最好的原料，掺以他毫就成了兼毫笔。从魏晋至宋代，以兔毫为主的兼毫笔得以大量使用。宣州的紫毫笔由于笔料精良、制作细致，其质量一直处在领先地位。此地制笔业在唐代达到鼎盛，并且出现了一批能工巧匠，因而宣州成为全国的制笔中心。“宣笔”的笔毫取自宣州当地野山兔毛，特别是秋冬季节野山兔颈背上的毛品质最佳。**野兔脊背上有两行紫黑色弹性极强的箭毛，被称为紫毫，或者箭毫，比普通兔毛坚、长、健、利。紫毫的弹性极强，宜于书写劲直方正之字，向为书家看重**。紫毫坚韧挺拔，尖锐而锋利，故人们将用紫毫制作的毛笔又叫作健毫笔。

嘉靖款雕漆紫檀管紫毫提笔

故唐代诗人白居易有《紫毫笔》诗赞曰：

紫毫笔，尖如锥兮利如刀。

将紫毫笔的特性描写得非常完整。紫毫的经济价值很高，唐代诗人白居易《紫毫笔》诗称：

宣城之人采为笔，千万毛中拣一毫。……每岁宣城进笔时，紫毫之价如金贵。

唐宋时代，宣州当地的诸葛氏家族因制笔而声名显赫。当时朝野上下都以得到“诸葛笔”为幸事，例如苏轼在《东坡志林》中将饮官法酒、烹团茶、烧衙香、用诸葛笔并称“北归嘉事”。在宋代，还有“丁香”笔和“枣心”笔，皆是由紫毫制成的名笔。元明清时期，尽管中国的制笔中心移到了湖州，但是即便到了清代中期，宫中所用高级毛笔仍以紫毫笔为主。

一些御笔的笔毫根部还辅以彩毫或点翠作为装饰。

例如白潢进献的康熙年制**竹管“天子万年”紫毫笔**，即把笔的实用性和艺术性相结合：

笔管上书阴文“天子万年”四字楷书，字口填金色，下注填蓝楷书“臣白潢恭进”五字。**白潢**（1660—1737），字近微，汉军镶白旗人。康熙五十三年任贵州按察使，五十六年任江西巡抚。后官至兵部尚书，授文华殿大学士。

竹管『天子万年』紫毫笔

又有**乌木彩漆云蝠管翠毫笔**，笔毫选用紫色野兔毛扎束，似含苞的玉兰，清人美其称为兰蕊式。紫毫为主毫，副毫由黄红蓝三色六股组成，起支撑作用。其品制作精致，造型独特，高贵典雅，为难得的清宫艺术品。

乌木彩漆云蝠管翠毫笔

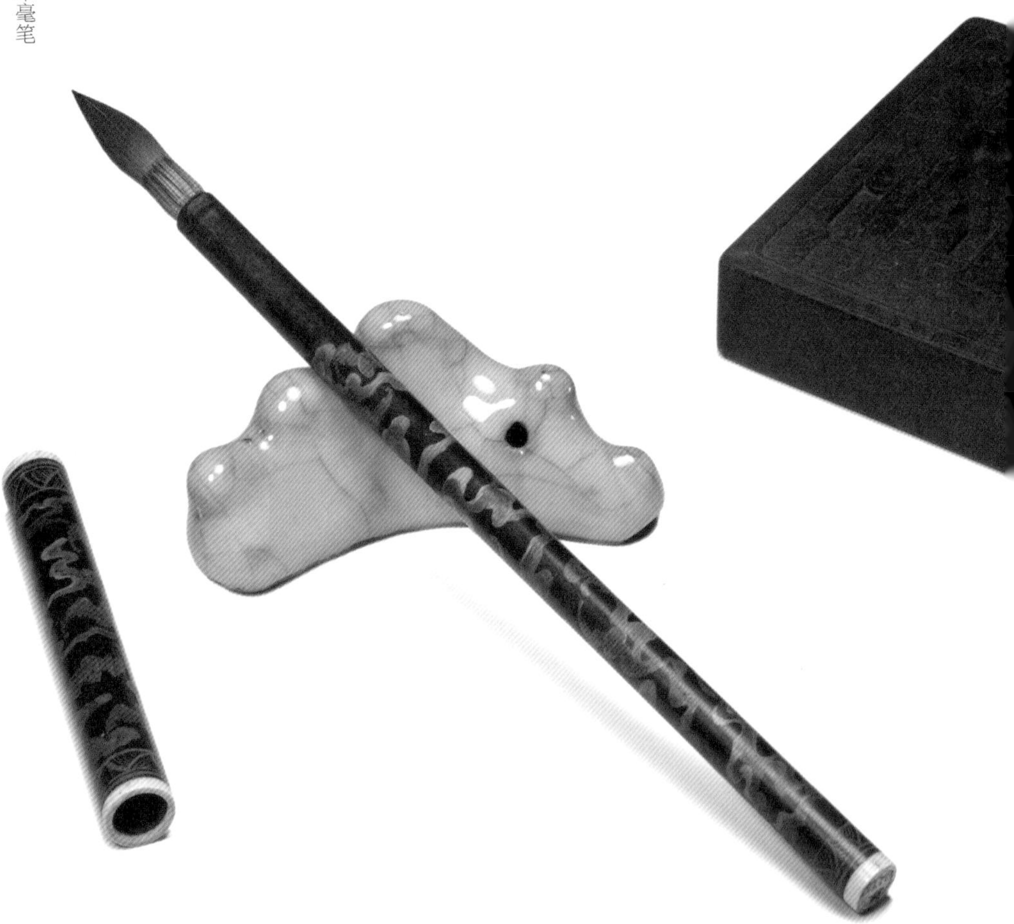

② 羊毫笔

用羊毛制成的毛笔被称为羊毫笔。在宋代以前，羊毫笔的使用在上层文人阶层中并不多见。其原因在于羊毫笔的使用起源于社会底层。与兔毫相比，羊毫资源丰富，价格低廉。不仅如此，羊毫柔而无锋，其质柔于紫毫和狼毫。除非特殊需要，历代书法家都很少使用。某些学者认为元代湖笔主要以羊毫入笔为主要标志，其实是错误的。

早期的羊毫笔，多指以羊毫为副，以紫毫为主的兼毫笔。有些笔中即便羊毫所占比例较大，仍非使用纯羊毫制作而成。

随着宋元以后散卓笔的兴盛，加上其蓄墨能力强，下墨速度快，且长度适合制作大笔，故而羊毫笔开始初露头角。不过多数上层文人对于羊毫笔持蔑视的态度，对于羊毫笔的整体评价不高。羊毫笔往往被当作兔毫笔匮乏时的替代品。

直到元明时期，由于书画艺术风格的转变，以羊毫笔为主的湖笔才开始补充着兔毫笔所达不到的艺术空间。用羊毫改良之后的毛笔，蓄墨量更多。柔软而富有弹性的长锋羊毫笔的盛行，导致当时的书画家们在创作风格上大胆革新。

例如羊毫笔多用于行草书的挥洒，具有较强的表现力。当时羊毫笔在上层文人中也渐渐有了一些市场。其形制能大能小且经久耐用者，价可值百钱。另外还有纯羊毫的**“兰蕊笔”**以外形美观取胜。

进入清代以后，随着碑学的兴盛，书家多利用羊毫笔来表现碑学意趣，促进了湖州羊毫笔的兴盛。湖笔的羊毫主要采用杭嘉湖地区所产的山羊毛。这里的山羊毛具有毛细、锋嫩、色白、质净的特点。而其所用的笔管，则多采西天目山北麓的鸡毛竹。货源充足，价廉质高，易于采集，便于运输。这种竹节稀竿直，竹竿内的空隙小，易于加工成笔腔藏纳笔头。

在民间用笔习惯的影响下，兔毫笔骤减，民间作坊所制羊毫笔开始大量进入宫廷。从目前清宫旧藏羊毫笔来看，作为清代贡品的湖州羊毫笔按笔毫的长度，可以分为**长锋、中锋以及短锋**等。如“泽被遐方”“三净”羊毫笔，皆为长锋羊毫。又有青花团龙纹瓷管斗羊毫提笔和象牙管红木斗“万国来朝”羊毫提笔等。

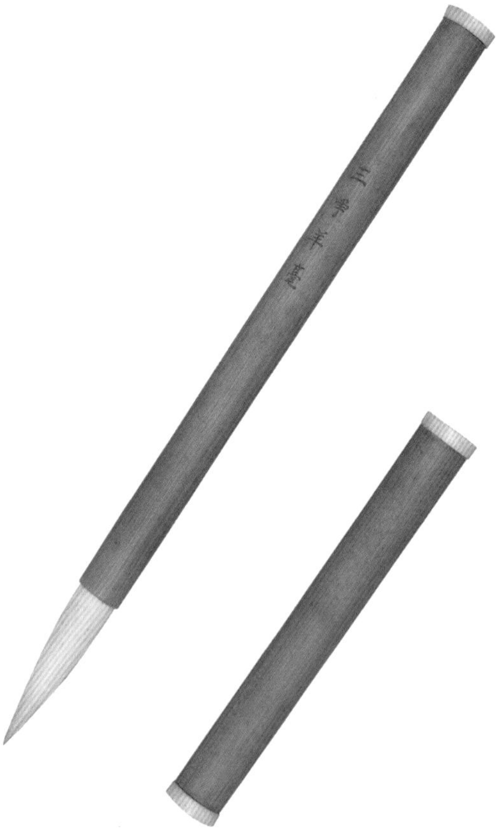

竹管『三净』羊毫笔

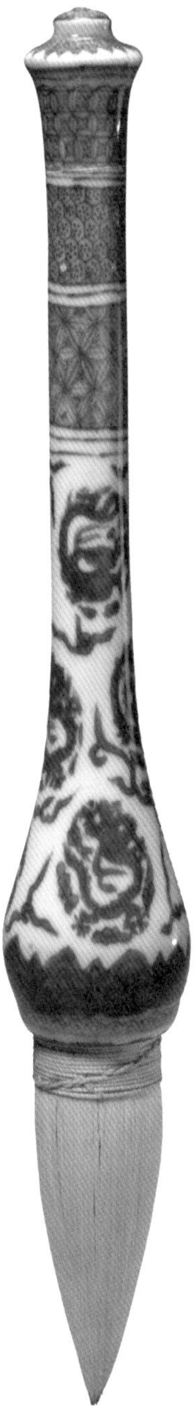

青花团龙纹瓷管斗羊毫提笔

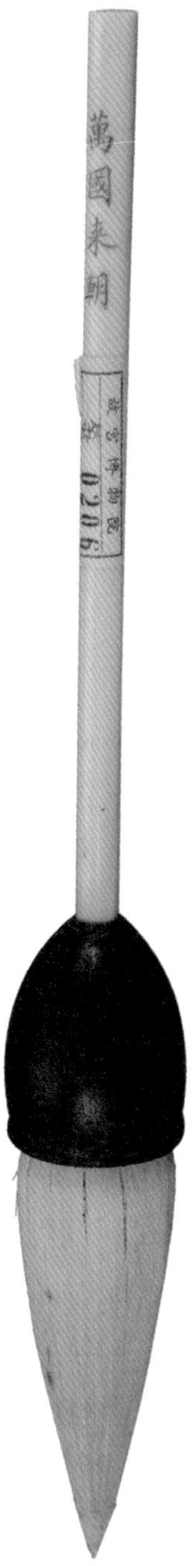

象牙管红木斗『万国来朝』羊毫提笔

③ 兼毫笔

兼毫笔是由几种不同原料和性能的笔毫制成的毛笔。其笔头是用两种或两种以上刚柔不同的动物毛按照一定比例混合搭配而成，系介于硬毫、软毫之间的中性笔。

兼毫则刚柔相济，宜书宜画，笔意变化更加无穷。匠人们巧妙地利用软硬毫的不同性质以及色彩对比，将其进行混合搭配，不仅使得不同形制的毫色呈现出有规律的分层色变，而且可以达到刚柔适中、挥洒自如的书写目的。

填彩漆花卉纹管兼毫笔

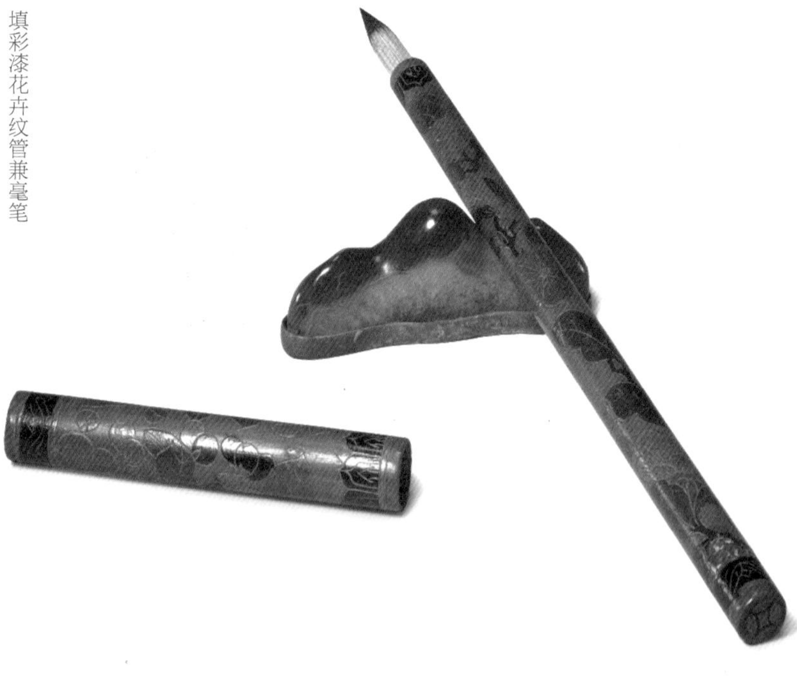

传说秦代就已出现兼毫笔。蒙恬改良之笔，即是以鹿毛为“柱”、羊毛为“披”的兼毫笔。后来，这类毛笔的笔毫多取一健一柔两种毛料进行相配。其中以健毫（紫毫或狼毫）为主，居内，称之为“柱”；以柔毫（羊毫）为副，对“柱”包裹，称之为“披”。“柱”长“披”短，调和了笔毫的整体软硬程度，各取所长。

它们一般按照原料的比例多少而被命名为紫羊毫、紫狼毫、鸡狼毫等品种。另外根据软、硬毫料的比例不同，又有偏软、偏硬之分，如偏硬的“九紫一羊”“七紫三羊”“五紫五羊”等，偏软的有“二紫八羊”“三紫七羊”等。

竹管『珠圆玉润』兼毫笔

（2）笔管的装饰

宫廷用笔的华丽，同样表现在笔管上。

从质地上讲，清宫毛笔的笔管选材极其丰富，其中多以竹、木为管材，如**湘妃竹**、**紫檀木**、**红木**、**乌木**、**花梨木**、**鸂鶒木**等；此外，还有**象牙**、**玉石**、**玳瑁**、**雕漆**、**描金漆**、**珐琅**、**瓷**等材质。从使用的角度来说，竹、木、漆管毛笔较为轻便，而玉质、瓷质毛笔则相对沉重，不便持握和挥写。清宫毛笔中通体以象牙为笔管的亦不少见，雕工精细华美。又有**玳瑁管紫毫笔**，通体以玳瑁制成，黄褐二色相间，色泽莹润。此时漆管毛笔也较为流行。

清宫毛笔的笔管继承了明代笔管的装饰风格，多饰有雕琢花纹或镌刻铭辞。如在竹管笔上，匠人们通常在笔管不及寸的圆周外壁上或镂或雕，所刻纹饰或山水、人物，或云龙，无不以刀痕的轻重、深浅来表现书画的笔墨意趣，反映了皇家生活的奢华以及文人志趣的典雅。至于笔管的铭辞，目前可见有数十种，内容多引经据典，内容关乎古代圣贤君子的品格、赞美建功立业的卓越才能、颂扬太平盛世、对吉祥如意的美好愿望充满了期许。如“中和位

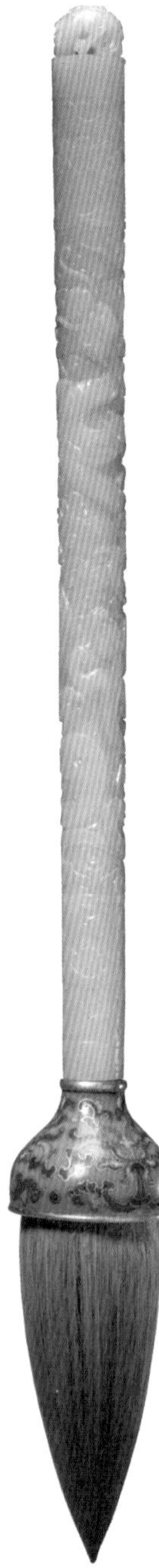

青玉雕龙管珐琅斗狼毫提笔

青花云红龙瓷管髹毫提笔

育”“执两用中”“抱一为式”“刚柔克和”等，系摘录化用经史之辞，蕴涵了中国古代的哲学思想；“小紫颖”“大霜毫”“净羊毫”等，则标示了笔毫原料。

清代的竹管“大净”羊毫笔，笔管色泽温润，凝重大方。笔管上刻有“大净羊毫”字样。笔管顶端镶有象牙环扣，笔毫白净圆润，锋颖濡水后呈半透明状，为清代湖笔的典型。清末，宫廷开始大量使用民间毛笔，笔管上通常题写笔庄字号，或详注笔头原料，反映了当时民间制笔业在近代中的发展。

玳瑁管紫毫笔

（3）毛笔制作流派

宋元时期是中国古代毛笔形制流变中发展、变化的重要时期。此时制笔，就用途而言是书笔与画笔的分途；在制笔技艺上则是**“披柱法”**与**“散卓法”**的并行。

“披柱法”早在秦汉时期便已产生。据考古发掘资料，当时的制笔方法是先选用较坚硬的毫毛做笔芯，即“笔柱”，然后再在其上覆以不同长度的较软且薄的数层披毛，并将笔柱紧紧抱住。这些披毛起到了决定笔头外观，塑形及支撑作用。到了魏晋至隋唐时期，中国开始流行一种由兔毫制成的鸡距笔，因其笔锋粗短而硬劲，笔头的形状像鸡爪后面突出的距而得名。

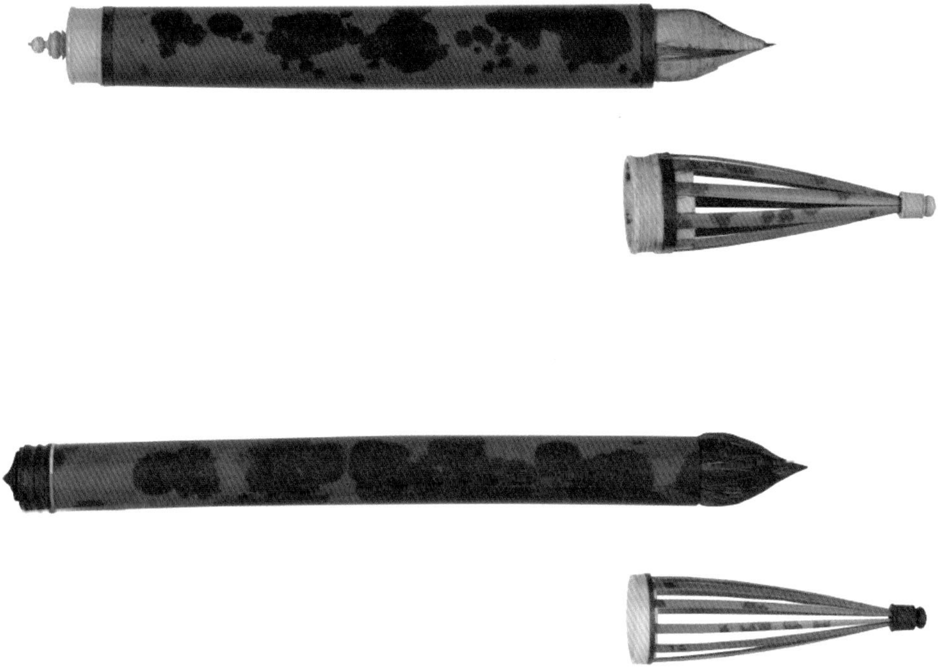

中国唐代鸡距笔〔日本奈良正仓院藏〕

制作鸡距笔的主要方式为**“缠纸法”**。

缠纸法从秦汉时期“披柱法”发展而来。其笔头的笔柱裹以麻纸，再加披毛，然后深深地纳入管中，管外的笔头很短，露出的锋尖短而利。目的在于固定笔根，塑造笔形，控制墨量，防止笔尖臃肿而影响使用，更利于书写。此笔的特点是毛颖短粗，笔锋尖锐，丰硕圆润，劲挺有力。特别是笔柱被麻纸缠了五分之三，使得锋尖与根部反差极大。唐人对其赞誉有加，尤以白居易所作《鸡距笔赋》最著名。

一旦笔头损坏,直接更换新笔头于旧笔管即可,有节约成本的作用。

由于笔头牢牢固定在笔管里，并且利用麻纸或丝帛较强的吸附功能吸收笔端多余的水分，既控制了墨水的下泄速度，又防止了毛笔因臃肿而失去弹性。

笔头硬劲还便于提高书写效率，不会因使用时间长而散锋脱毫，故而可以有效控制笔锋使用范围，能写出遒美有力的楷书。

竹管『经天纬地』四头笔

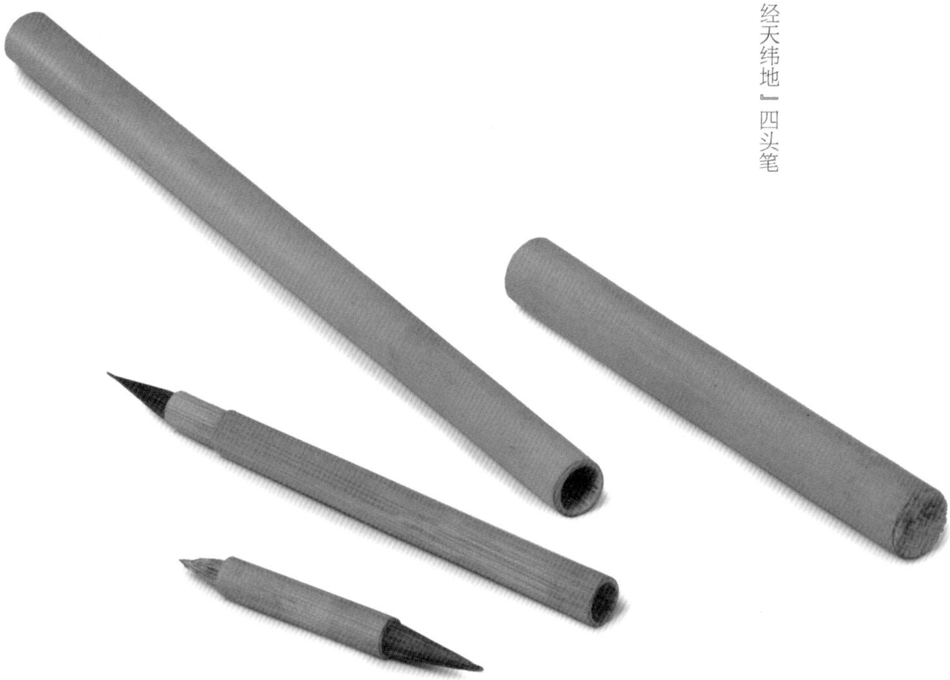

不过由于鸡距笔只有三分之一的毛毫显露并作为笔锋，蓄墨量较小而易干枯，笔锋也过于刚硬，故使用范围有局限性，尤其是笔心缠纸导致书写行草书时笔锋转侧不太灵便，无法大幅度地提按、顿挫，更不能肆意挥洒。故而这种毛笔多数仅能写小字，不太适用写草书或作画。故在晚唐以后，其地位有所动摇。散卓笔恰恰弥补了以上不足。

散卓笔是一种主要流行于宋代至清代的毛笔。

“散卓法”是直接选用一种或两种毫料散立扎成较长的笔头，并将其深埋于笔腔中制作而成的一种较软的长锋笔。此法与晋唐时期流行的“裹心缠纸”制作法相对应，是相对独立发展的制作体系。

元人孔齐记载：

（元）至顺间，有所谓大小乐墨者，全用兔毫散卓，以线束其心，根用松胶，缎入竹管，管长尺五以上，笔头亦长二寸许，小者半之。

其中“散卓”一词又可作动词，有“散扎”之意。其与前者最大的区别在于笔头内没有笔柱，无须再用弹性更好的笔芯毫料来支撑笔形，使用时流畅自如。这种笔头的大部分被纳入笔腔，既可用纯毛扎成，亦可用多种毛混合制成。笔锋较长且偏软，蓄墨量大，宜于快速、大量地书写和作画，且笔迹丰满、柔润、婉转。

加上造纸技术的发展，纸幅增大，笔的形制迅速增大，种类增多，正适应了宋代以后纸张以及书法尺幅不断增大的趋势，进而为宋元时期水墨山水画的发展、兴盛创造了物质条件。

就出锋和用笔而言，散卓笔写字可大可小。由于审美观念的改变，加之毛笔绘画功能的增强，适用于草书或绘画的毛笔种类也日益增多，进而“散卓法”制笔技艺得到进一步的发展。

到明清时期，散卓笔已经完全成为毛笔的主流，尤其在揸笔、提笔等大型毛笔的制作中常使用散卓法。

珐琅管斗羊毫提笔

2. 做笔与做人

（1）复杂且苛刻的制笔工艺

明人虞堪在《题赠笔生王纯与径山愚庵及公同赋》一诗中提到：

心力尽于初画妙，眼睛全在一毫头。

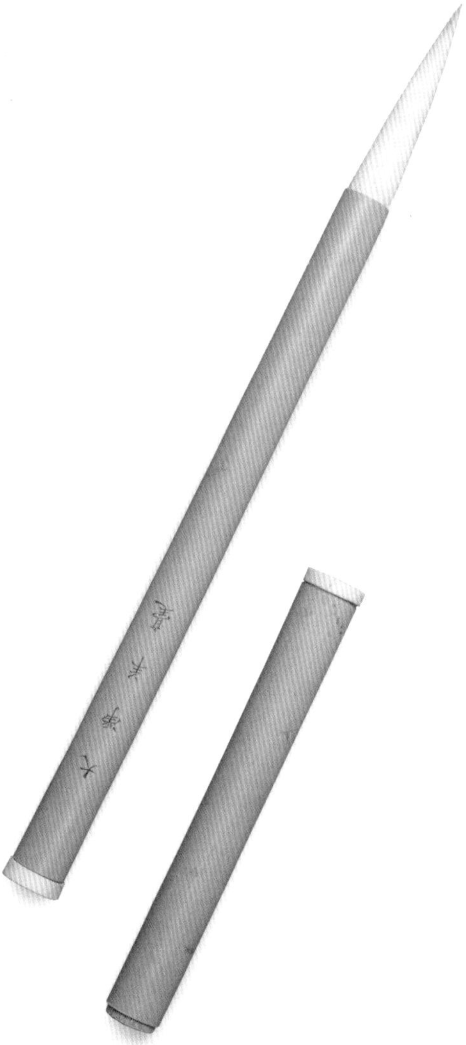

竹管『大净羊毫』笔

择毫精妙是决定毛笔实用价值以及经济价值的必要保障。中国毛笔对于制作技法的工艺要求极为复杂。工匠针对宫廷御用毛笔，不仅选毫极精，而且将笔头捆扎出**笋尖式**、**兰蕊式**、**葫芦式**等多种形式。不过其中的关键在于笔头的制作。

首先，工匠取兔毛的部位和季节是很讲究的。由于秋冬季节山兔颈、背部的毛“毫长而锐”，故“秋毫取健，冬毫取坚”，遵循**“锋齐腰强为善”**的标准。

其次，笔工要挑选最佳的毛用来制作笔头。择毫包括选毫与分毫两部分，它是整个制笔工艺中重要的部分。**选毫**就是将熟后的毛施以初步拣选，除去无用之绒毛及杂毛等。这种工作主要在“水盆”里进行，有诗赞曰：

水盆洗出紫兔毫，便觉文章生羽翼。

选毫的工作非常烦琐，既要准确又要耐心，要求对每一根毛料的强弱、锋颖、长度以及色泽等进行精心挑选，以便留下整齐而圆的毫毛。往往在千万根兔毫中才能选中一根。唐人白居易称：

千万毛中拣一毫。毫虽轻，功甚重。

钱泳称：

每一枝笔，只要选其最健者二三根入其中，则用之经年不败，谓之选毫。

用这样精心挑选的兔毫制作的笔头，不仅锋长腰直，而且像锥刀一样尖利。

分毫。在制作笔头时，不同的部位需要不同的材料，以便不同级别的毫料各尽其能。其中特别以笔尖的制作要求最高。笔工要选用毛杆最长、粗壮挺拔且最为刚健的毫用在笔尖上，以达到“快利入手如铦刀”的效果。

另外还有**结装**。结装是将理顺的毛按照不同长度、品种进行分类，再一层一层卷起装成笔的过程。由于笔头为圆锥形，因此从笔尖到根部的衬毛配置数量也应该逐渐增多。而衬毛增加的幅度，受制于预设笔形的长短肥瘦。

至于用意之妙，锋齐不难，而腰强为难。锋齐者类不能强，腰强者有不能齐。虽赵文敏用冯（应科）、陆（颖）笔，亦仅得其齐，而罕得其强。

衬垫过少、过多皆不合适。最后，在笔头做好以后，还需要由专门的技工剔除性质不合之杂毫。古人对于剔毫要求更为严格，几乎是一种近乎苛刻的过程。其制作成本与精力非一般人所能想象。加工完成后，这些笔头需要具有毛色光润、浑圆壮实、美观挺拔的特点。

（2）湖笔天下

元、明、清时期，湖笔一直是宫廷皇家用笔的主要选择。如果说宣州制笔业之所以能名震全国，是因为具有得天独厚的上等原料优势，那么湖笔能够持久发展，首先归功于湖州地区有一批掌握制笔核心技艺的传承人。

早在元代，当地制笔世家便代代相传，出现了**“家有其业，业有其人”**的盛况。这些制笔工人发明、创造并不断改进制笔工艺的专业技术素质，已经呈现出精神文化层面的内容。

另外，随着制笔业的振兴，元代吴兴当地笔具生产的商品化程度较高，被元人仇远《赠溧水杨老》一诗中描绘为“浙间笔工麻粟多”。特别是善琏村坐落于“家家缚兔供文苑”的苕溪、霅溪之畔，该村“生禽玉兔出明月”，是当时有名的笔乡。

除此之外，一些较大笔商特别注重品牌的培养。这些笔商迎合了顾客们的消费心理，为提高自己产品知名度采取了多重做法，进而体现出市场竞争的本质特征。

此时笔作为一种专业化的手工业商品，已经实现了跨区域的商品流动。例如当时善琏万安坊一带形成了别具一格的笔市。除了从业者直接进入流通领域外，当地人大多数用笔舫贩笔。所谓笔舫，是一种专门运笔的船。善琏地处杭嘉湖水乡泽国，顺着四通八达的水路，这些笔舫的足迹遍及大江南北。一些名工的产品行销很广，促使湖笔制作技艺逐渐向周围地区扩散，从而促进了江浙一带制笔业整体的发展。

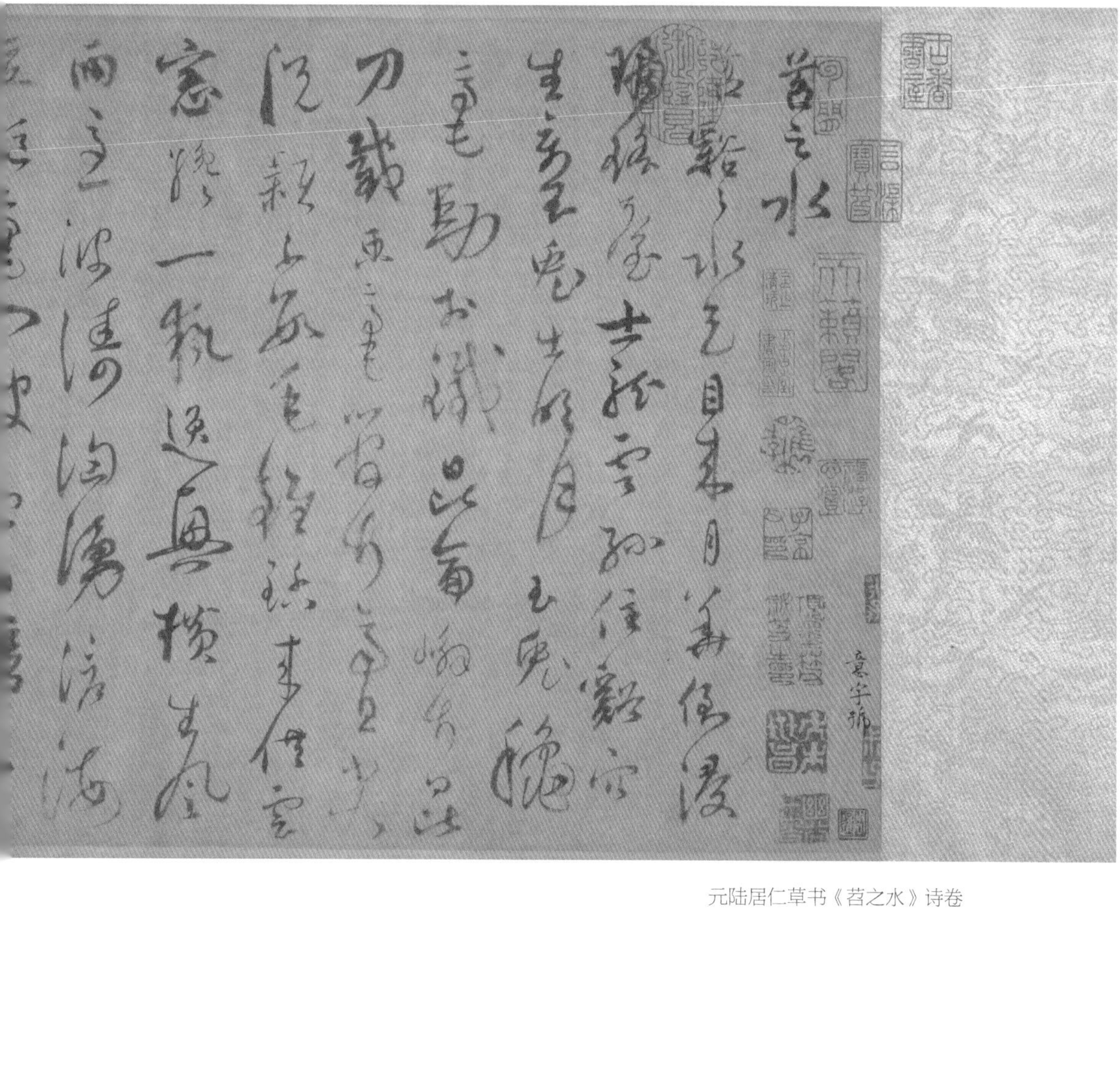

元陆居仁草书《苕之水》诗卷

（3）“四德”标准的确立

湖笔之所以享誉全国，关键在于其笔**“尖齐圆健良有方”**。这种制作要求对于形成湖笔的形制标准及扩大湖笔的名声至关重要。

不过随着制笔业高度的商品化，以次充好的劣品不断涌入市场。一些笔商极力降低成本并假借名家之名进行销售活动会在市场竞争中取得较大优势。其目的在于利用品牌的原有知名度以提高货品的档次，进而最大程度获得利润。当然，制笔作为一门手艺，用以养家糊口，是基本的生活要务，也无可厚非。

我们从元代书法家鲜于枢写给笔工范君用的题词中可以看出，当时伪托制笔名家名号的行为已经甚为猖獗。这种以次充好的行为严重扰乱了制笔业的市场秩序。于是元代鲜于枢在《赠笔工范君用册》中特别叮嘱范君用：正是前面有了

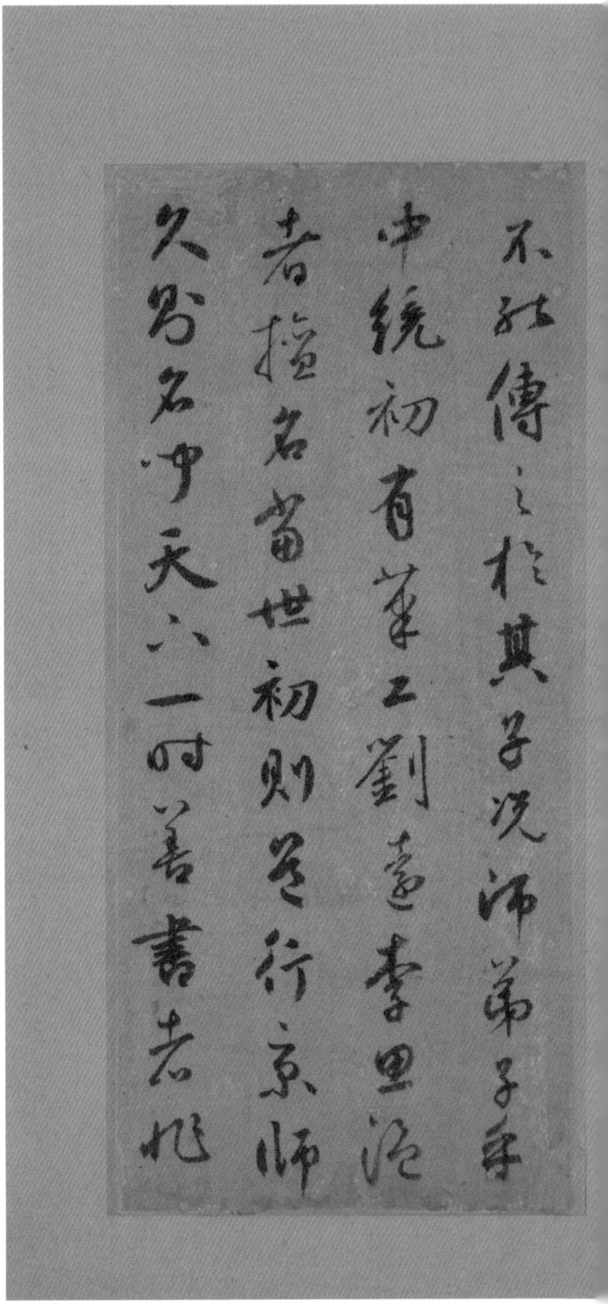

制笔名家刘远、李思温等人最终身败名裂的前车之鉴，所以作为后起之秀，范君用一定要爱惜自己的名声，才能永远立于不败之地。

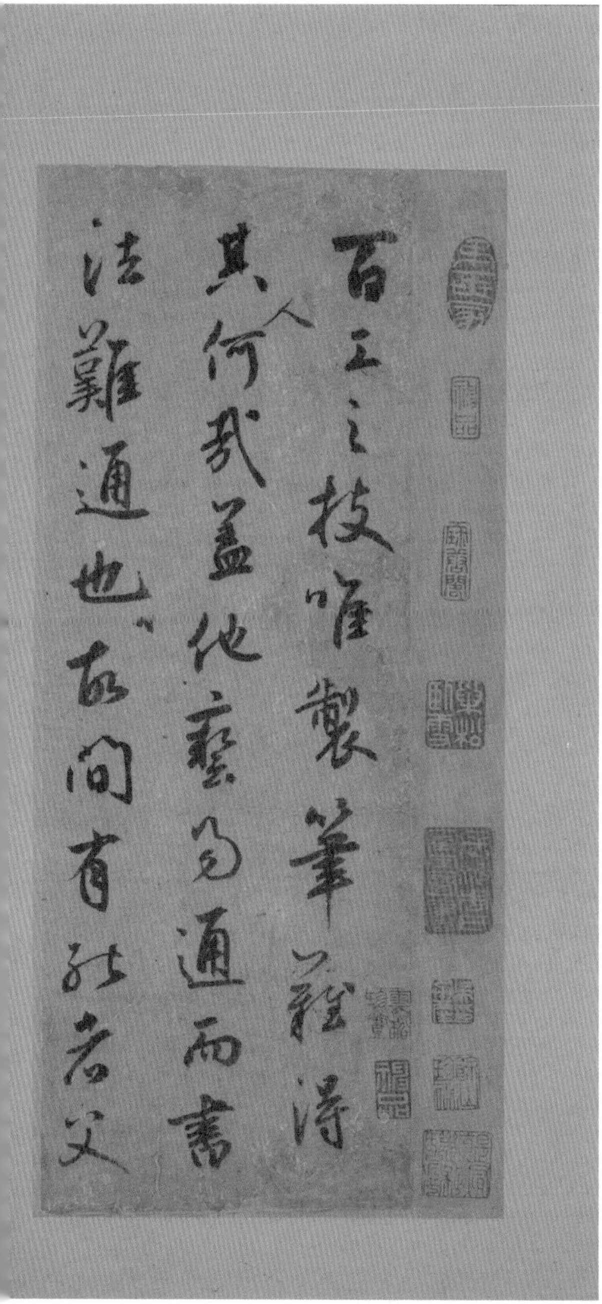

元鲜于枢行书《赠笔工范君用册》

元代以后的书法名家十分讲究对湖笔的性能要求，如明人屠隆在《考槃余事》中把对优质毛笔的特征尖、圆、齐、健四字称之为“四德”。清人唐秉钧则在《文房肆考图说·笔说》中对“四德”进行了详细解释：

尖者，笔头尖细也。齐者，于齿间轻缓咬开，将指甲揿之使扁排开，内外之毛一齐而无长短也。圆者，周身圆洄饱湛，如新出肥土之笋，绝无低陷凹凸之处也。健者，于指上打圈子，绝不涩滞也。

要达到这种水平，必须是眼明手稳、经验丰富的笔工才能制造出来。制笔看似容易，但要做出精品却是很难。

总体而言，“四德”标准的出现与当时笔市劣品横行的情况密切相关。例如生产成本的高低往往是经营者关注的对象。相对而言，降低成本就会在竞争中取得优势。特别是制笔中“择毫”的工序，可供操作的空间很大，故而笔毫的优劣完全取决于工匠的良心。

例如熟毫为制笔中的关键一步，主要目的在于去脂除污。不论采用何种方法处理毛料，目的都是使毫毛脱脂后易于操作制笔，直顺而有弹力。受商业利益的诱惑，制笔者有意采取过度的熟毫方法以降低毛料的寿命，达到速售、多售的目的。而这一无良方式并不为外行人所知，故而元代书法家袁桷（1266—1327）曾提到：

近世子昂承旨擅书名，吴中笔工争进技庭下，率形制相类，书不满卷，则已成秃翁。盖毫熟则易乏，如脂韦之士，宁复生气。子昂不言其短，将以为彼养生计。

文中“脂韦”指圆滑，没有骨力，此处借指笔毛脆弱容易折断。由此可见，“四德”除指笔外，还有更深的做人寓意。

就笔而言，需要笔锋坚韧，浑圆饱满，修削整齐，劲健有力；就人而言，要求笔工技艺精湛，见贤思齐，内方外圆，身心健康。

笔要正直，人亦要正直，才能制出好笔。

在历代笔工与文人的交往过程中，我们往往见到文人对于笔工品格的描绘，如元人胡祇遹指出：

纤圆见伦理，遒劲傲盘折。起伏应提案，顿挫愈健捷。笔疵良多端，试为一论列。锋危多困弱，过促亦桀骜。中虚易涣散，太实伤拥结。而能四者间，求全得心诀。学书运笔耳，十笔九凡劣。就能到神御，终亦因点画。笔人例尘俗，定谓何妄说。

正因为这些品格高尚、技艺精湛的佳工特别稀少，文人们才特意记之。

第二章

重华宫诗宴

重华宫诗宴

重华宫诗宴是清朝读书人最想吃的一顿饭。
能吃到的人，人生境遇一般都不会差。
吃饭的人由皇帝亲自仔仔细细地敲定。
这顿饭的食材很『雅』，
主要是吃『三清茶』，
乾隆皇帝认为这茶不但『延年益寿』，
还象征着做人的极好品质。
茶宴开始后，皇帝往往会带头创作一首御制诗，
然后所有到场的大臣依照皇帝的意图进行应和联句，
押韵且合题。
联句结束后，
只要皇帝满意，往往都会赏赐一些小礼品。
拿到皇帝赞誉和赏赐的人会兴奋全年。
这在古代以服侍天子为己任的读书人眼里，
足够『光宗耀祖』了。

重华宫外貌

郎世宁、丁观鹏等合画《乾隆帝岁朝行乐图》轴

乾隆帝自幼接受传统汉文化，特别是以四书五经为核心内容的儒家经典教育，因而具有极高的文化修养。其在继承帝位之后，不仅**“稍有余间，未尝不稽读经礼”**，而且对文化水平较高的文臣学士更加另眼相看。从乾隆八年（1743）开始，每年正月初二到正月初十几日中，皇帝都会选择一个吉日举办茶宴。茶宴设在紫禁城的重华宫内。有资格参加这次宴会的人都是擅长诗赋的文臣，因此茶宴被形象地描述为**“重华文宴集群仙”**。

乾隆 青花御题『三清茶』诗茶碗

参加茶宴的具体人数并不固定，起初只有12人，乾隆十一年（1746），参加茶宴的人数为满汉大臣、王公18人，取唐太宗时“十八学士登瀛洲”典故，最多增至28人，乾隆皇帝自喻此数符合“周天二十八星宿”。

茶宴上所饮之茶有一个雅致的名称——**“三清茶”**，即以狮峰龙井为主料，佐以梅英（晾干的梅花瓣）、松子仁、佛手，加圆明园雪水烹制。饮用时还可辅以特制满洲饽饽。

乾隆 矾红彩御题『三清茶』诗茶碗

茶宴时，皇帝御重华宫正殿，王公坐重华宫西配殿，大臣坐重华宫东配殿。宴前，乾隆皇帝当场出题，按规定作诗联句。由懋勤殿太监为每位与宴者出具笔墨纸砚，诸臣叩头列坐后，皇帝拿出他的御制诗，臣工们边品味茶果，边酝酿诗句加以应和。这既是古代文人流行的娱乐方式之一，也是各方才智的一次大比拼。

诗句的内容广泛，有对景物节令的赞颂，也有纪念军国大事的。例如乾隆十一年《三清茶》诗中，乾隆皇帝咏道：

梅花色不妖，佛手香且洁。松实味芳腴，三品殊清绝。烹以折脚铛，沃之承筐雪。

乾隆帝行书《元旦日雪》横披

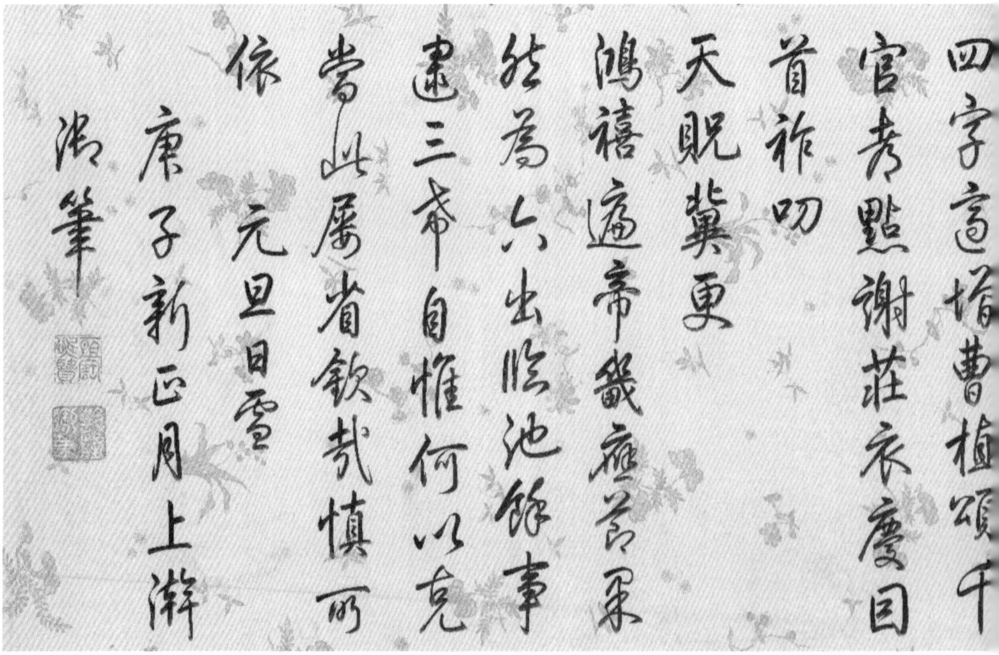

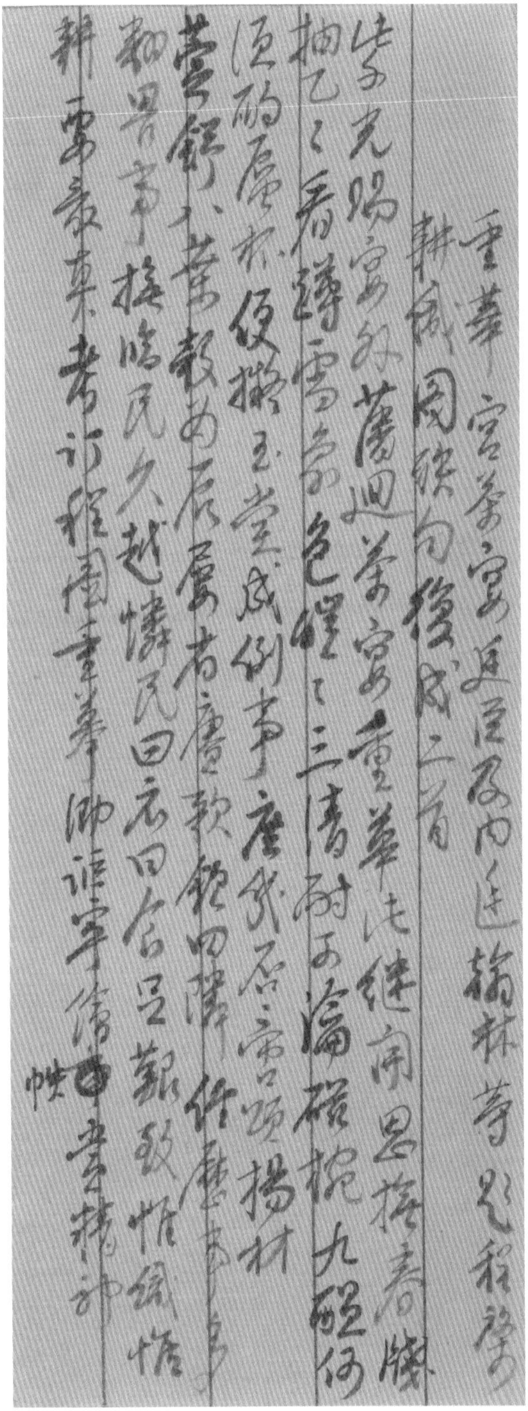

乾隆帝《重华宫茶宴廷臣及内廷翰林等题程棨（耕织图）联句复成二首》诗稿

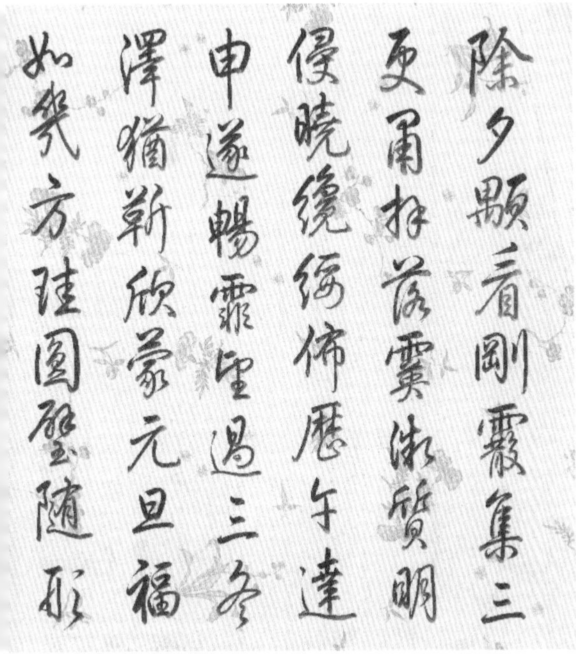

乾隆三十三年（1768）《三清茶联句》中的御制诗句为：

高节为邻德表贞，喉齿香生嚼松实。心神春满泛梅英，拈花总在兜罗手。

殿外雪花轻落，殿内茶香袭人，更助诗兴。君臣唱和，联句作诗，实为文人的雅集。虽然诗会上的皇家礼制依然必不可少，但是气氛变得轻松不少，这让威严的宫殿也多少有了一些文人雅趣和过年的习俗之乐。

大臣们往往以能参加这一无上雅致的茶宴而备感恩宠，引为殊荣。

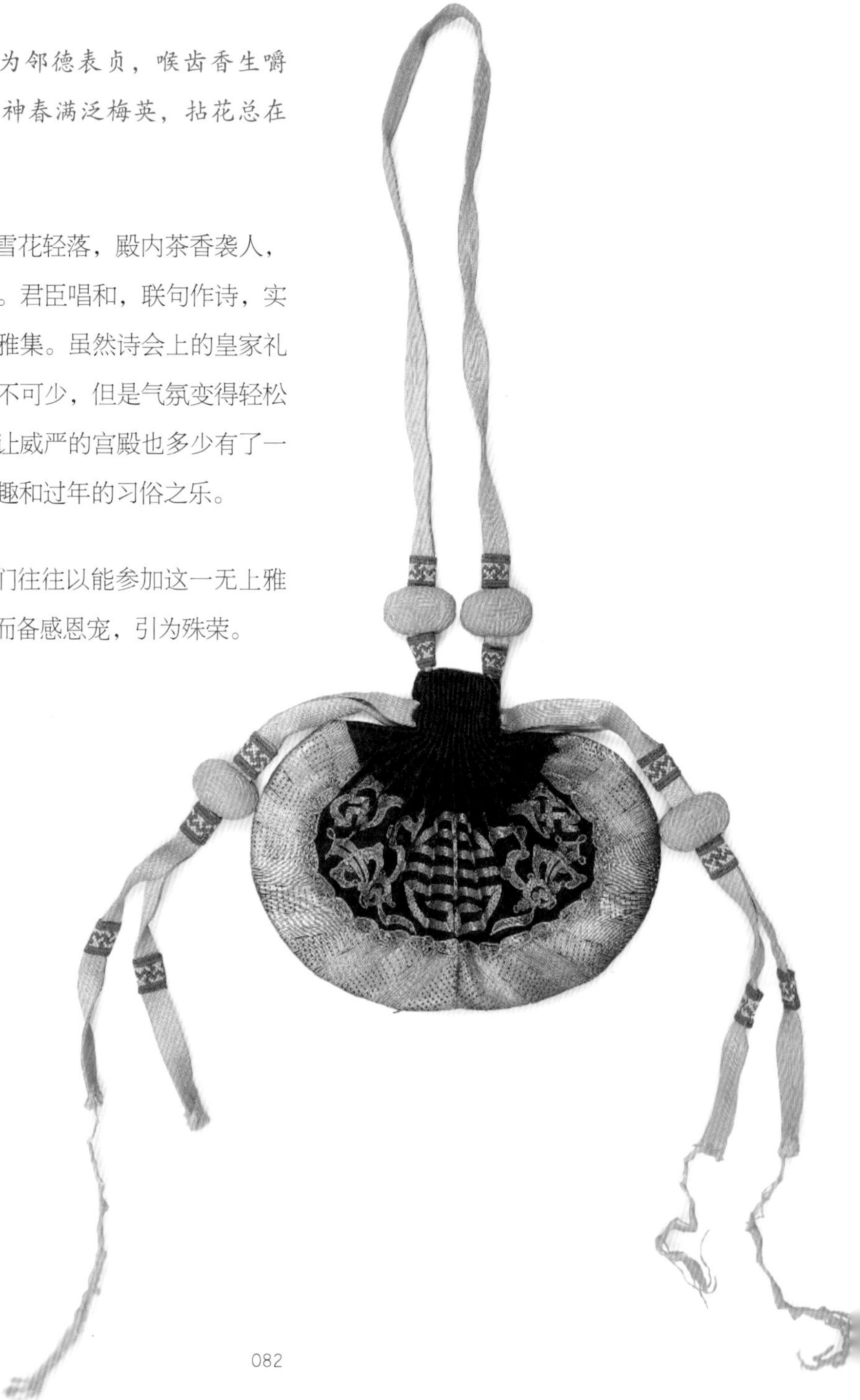

缎绣海水福寿如意纹荷包

茶宴接近尾声，皇帝还会赏赐与会众臣。其赏赐之物多为荷包、如意、砚台、书画等。有些好运的大臣还会获赐三清茶碗。得到赏赐的大臣更是小心翼翼将御赐荷包等放在胸前、捧于手心，旁人艳羡不已。

红色缎钉绫绣灵仙福寿纹荷包

乾隆帝特别看重在重华宫举行的茶宴活动，称其为“**国家吉祥盛事**”“**度岁庆节最为吉祥**”。他即使在退位后，还念念不忘，甚至提出茶宴联句“**将来世世子孙即当遵为家法**”。不过这一活动只延续到道光年间，咸丰以后便不再举行了。

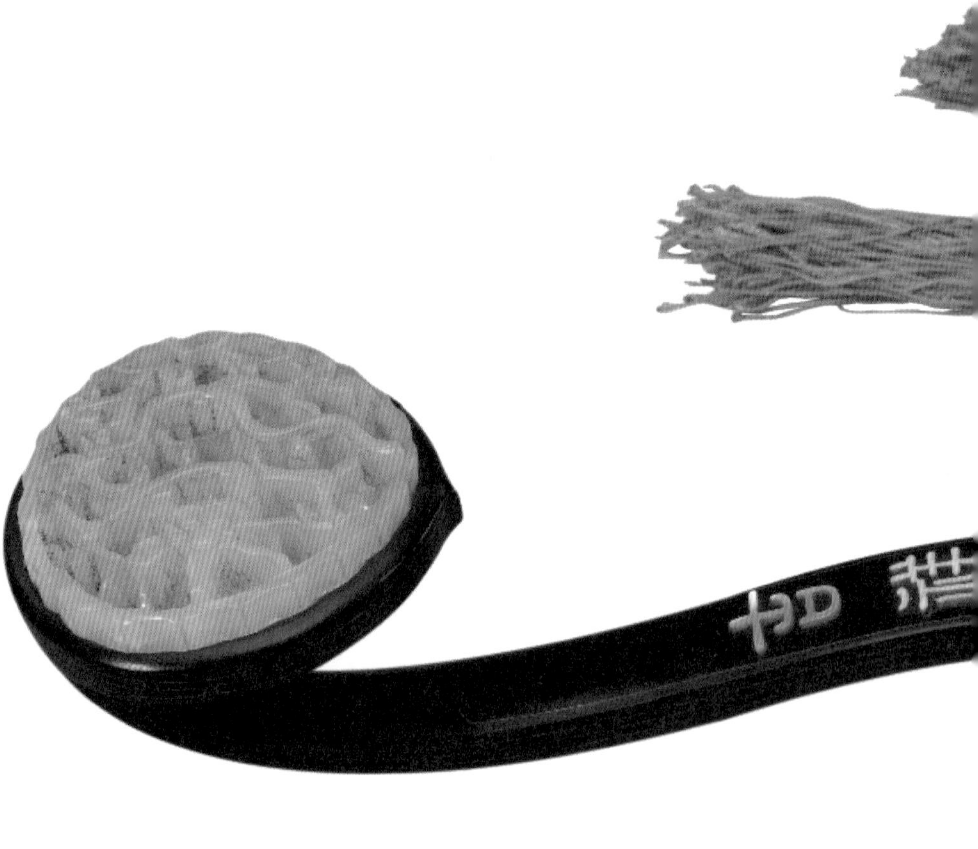

硬木百宝嵌『吉祥如意』四字柄镶青玉透雕穿花龙纹单镶如意

对砚的整理

中国品砚史上的经典《西清砚谱》，
竟然是一份工作总结。
读书人把砚台称为『砚田』，需要仔细耕耘。
的确，
用于磨墨的砚是从粮食研磨器『研』演变而来的。
早期砚台的研盘多自然形态，且附有研石。
后者用于压碎墨粒进行研磨致细。
魏晋到隋唐时期的圆形青瓷砚选美，
比赛评判标准是看谁的脚多。
康熙帝在松花石砚上磨墨的时候，
常常想起自己的东北老家。
乾隆帝在澄泥砚上磨墨的时候，
想的却是哪天有空再去一趟江南。

在乾隆朝，参加茶宴的大臣们最看重皇帝赏赐的砚台，因为这是对其文学才华最直接的肯定。为了及时展示对自己臣属的宠幸，乾隆帝做了许多准备。例如清代文献中常常有三代帝王制砚备赏的记载，足见宫廷砚台的特殊用途。

砚，又称“研”，俗称“砚台”，是用于磨墨的文房用具，最早是从新石器时代粮食研磨器“研”逐渐演变而来的。其研盘多自然形态，且附有研石（又名“研杵”“研子”等），用于压碎墨粒进行研磨致细。康熙年间，清宫的制砚活动便已十分频繁。到雍正时期，宫内藏砚数量已具相当规模。乾隆年间，鉴于旧时藏砚多处于相互混杂之中，并没有较明确的分类和保护。乾隆皇帝对这样的状况很不满意：

内府砚颇夥……因思物繁地博，散置多年，不有以荟综稡记，或致遗佚失传，为可惜也。

于是更大规模的内廷藏砚整理工作被提上议事日程。总体而言，在乾隆朝，由皇帝亲自组织的内廷藏砚整理活动，主要内容是进行**清点、分类**和**鉴选，并对留用砚台按照文化价值的高低进行重新盛装**。

此外，内廷在清点过程中，对于某些价值较高但有破损的“古砚”进行清洗、修补、描金、局部改动、复制重做、随砚形配制砚盒等。

另据造办处档案记载：清宫内务府还奉旨大量制作各种材质的仿古砚。这些新制的砚台，工艺精巧，题材新颖，且在砚式上多有仿古，略有创新，颇具时代特点。嘉庆、道光时期及其以后，石砚的制作日渐式微，但仍有一定数量的御用砚制作，多系利用前朝剩余石材制作而成，或使用内府旧藏砚台改做。

御赐歙石蜗纹池长方砚

1. 砚的简史

中国早期砚台，由于人们对其审美需求并不高，而且不注重外观，此时的砚台多为圆形或长方砖式，制作和使用起来都以方便为主，尚不具备观赏和收藏的作用。

其中比较具有代表性的便是**“霱霱融砚”**。此砚是清代仿古砚的代表作之一。它是雍正皇帝于雍正十一年（1733) 赐给弘历的一方端砚。恰恰就在当年，弘历被封为和硕宝亲王，说明此时雍正帝加紧了对弘历的培养和历练。此方端砚背后所代表的政治寓意与《平安春信图》相似。作为一件具有实际象征意义的历史纪实画，《平安春信图》中雍正所传递给弘历的那枝梅花无疑象征着统治中国的皇权。有趣的是，雍正帝手中象征着皇权的“梅枝”并没有完完全全地传到弘历的手里，还正处于递授的过程之中，“梅枝”与弘历伸出的手之间还保持有一小段但是非常清晰的距离。这一细节表明雍正帝已经为弘历的继位做好了一切准备。

乾隆铭端石霱霱融砚

郎世宁绘《平安春信图》

霭霭融砚为砖式，通体光素平滑，既有磨砚发墨之功，又有笔掭润笔调形之用。底面阴刻弘历五言诗一首。弘历在诗中抒发了自己得到父亲赐砚后的欣喜心情。

从材质上讲，秦汉砚台多以卵形杂石制砚，未出现专用砚材，坚硬耐磨的细砂岩、页岩即可。**1975年，湖北云梦睡虎地秦墓所出战国石砚，是目前所知最早的书写用砚之一。**此时砚台没有砚盖，无足，且常与研石伴随出土，人们磨墨时需要用研石研磨再调和使用，还保留着研磨器的特征。

一直到了**西汉末，砚台的砚面出现了功能区的划分**，即**磨墨的墨堂**和**能蓄墨贮水的墨池**两部分。**研石**也有自己的位置。

到东汉时，由于墨模发明和开始用胶和墨，墨的硬度大大增强。人们可以将墨块拿在手上直接在研磨器上研磨，无须借助研石。研石的消失，导致砚的形制出现重大改变。东汉以降，圆形有盖三足砚的数量较多，流行的区域亦广，适宜于时人席地而坐的习俗。

东汉末砚台品种呈多样化，砚体多分为砚身和砚盖两部分，形式始趋复杂化，雕凿逐渐艺术化，初步显示了美化的趋势。**魏晋南北朝则是我国古砚定型的重要时期之一。**此时圆形、方形足支砚发展进入鼎盛时期，砚台已经没有了砚盖。**北方**盛行**雕刻精美的方形四足式石砚，南方**则以**圆形三足青瓷砚为典型特征**。

同时，由三足开始，逐渐出现了四足、五足、六足、八足乃至十足甚至更多。尤其是砚台的砚堂露胎无釉，方便磨墨。另外砚面的四周出现了高起的子母口砚边。砚堂也从平坦向中心逐渐隆起。这种砚式也成为后来辟雍砚的雏形。

青瓷三足圆砚

唐代以后，各地砚材如端石、歙石、红丝石等相继得到开发。相对而言，**石砚较之陶瓷砚，其石质坚实润密，不吸水，发墨不损毫，具有致密坚实、发墨利笔等品质**。不过此时石砚在选料和加工方面都还处于初始阶段，数量不多，**多以实用为主**。在整体砚式上仍朴素大方，为唐砚的延续和发展。

具体而言，箕形砚在南方至宋代已演变成长方形抄手砚，并成为当时的主要砚式。而北方的辽、金两朝，仍继承了唐代箕形砚的传统，因而极具地域特色。

到明清两代，中国制砚进入**史上最为繁荣的阶段**。这时砚台的造型也多样，争奇斗艳，各臻其妙。还有一些保存天然石质朴素美不加斧凿的随形砚。文人墨客还非常讲究砚石的色泽、文采、声音、嫩润及年代、石坑、题铭等，最终砚台的实用性完全被艺术性、欣赏性、陈设性取代，达到材美工巧的境界。

砚的制作技艺以**长江以南**地区最为出色，进而分为徽、粤、苏三大流派，并出现了一批制砚高手。不仅砚台制作融绘画、诗歌、书法及雕刻等艺术特点于一体，而且在外包装盒上也追求装潢考究、华丽美观，甚至有逐渐脱离实用走向工艺美术品的趋势。

例如此间还出现了将形制各异的砚台集中于一匣的**集锦砚**。这类砚台通过统一的装潢形式，将若干方砚台以某个主题内容彼此关联成为一组，专供贵族阶层赏玩。

清宫除不断向各地征调佳砚外，还在内廷设立专门的**制砚作坊**，有些砚台则交由地方承办制作。

此时砚台按照质地可分为两大类：一类为**天然材质的石砚**，除传统的端砚、歙砚外，还有被称为清代“国石”的**松花石砚**。另一类为**人工加工原料所制砚**，如陶砚、澄泥砚、瓦砚、砖砚、瓷砚、漆砂砚等。

端石集锦砚

2. 石质砚台的发展

端砚是利用端溪石材制成的砚台，属于中国传统四大名砚之一。端砚之石材，因产于端州斧柯山之端溪（今属广东肇庆）周边而被命名为“**端石**”。

史料记载，端砚自唐朝初年就开始生产。但据考古发现，端砚自中唐以后才有了一定规模的开采，从晚唐开始至宋初才由下至上流行于文人圈中。早期的端砚纯粹是文人墨客书写的实用工具，石面缺少图案装饰，略显简朴，样式也略显单一。到宋代，端砚形制逐渐以实用为基础，兼顾形态之美，器型变化较大。由于其石质细腻温润、致密坚实、发墨利笔等优良品质而逐渐饮誉天下。端砚之名贵在于其石质优良、石品丰富、实用性能优越，颇受历代文人学士的青睐，进而在其上千年的发展历史中，形成了**端砚文化**。端石历代均有开采，留下很多大小知名砚坑与品名，如老坑（水岩）、宋坑（坑仔岩）、麻子坑等。

至于石品，则有青花、鱼脑冻、蕉叶白、火捺、冰纹等。这些众多自然的石品花纹和珍稀的“鸲鹆眼”，更使其在赏石品味上锦上添花。它们不仅凝集了端石的自然之美，而且为鉴别端石坑种提供了可靠的依据。古人认为水岩的品质最优良。其石色多紫红色，以猪肝色、青紫色为贵。**好的端砚，质地坚实、细腻、致密、娇嫩，温润如玉，磨之无声，而且贮水不耗，具有良好的发墨益毫性能**。

千百年来，端砚的制作一直以手工为主。历代石工按石脉走向，顺其自然向深层采掘，劳动十分艰辛。**一块石砚须经过选料、整璞、设计、雕刻、打磨、洗涤、配装等十多道工序才能正式完工**。自明清以来，端砚制作开始巧妙地把艺术性与实用性结合在一起，尤其是在形制、纹饰题材、刻工刀法等方面不断推陈出新。

端石雕双龙纹砚

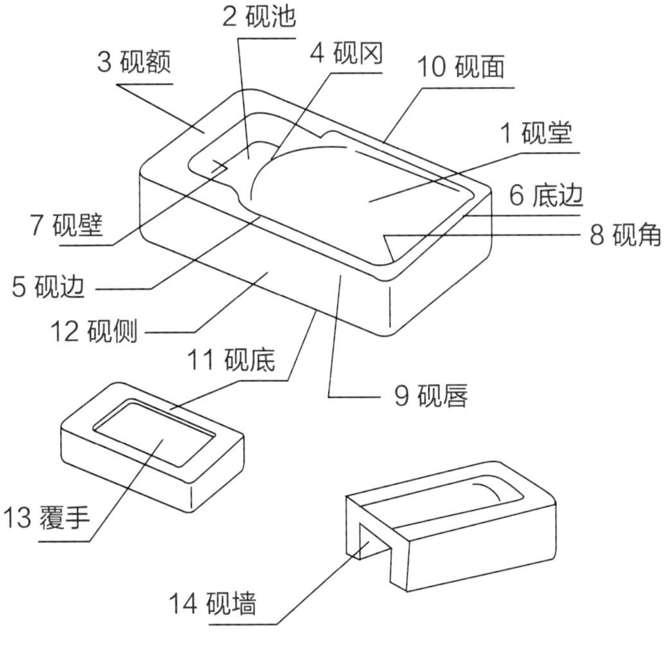

砚台各部位名称示意图

歙砚也是中国传统四大名砚之一。歙砚的制作材料被称为歙石，通常呈青灰色，细分又有红、黄、绿、青等石色。其主要砚坑有眉子坑、罗纹坑、水舷坑、济源坑等。因其产地在隋唐及宋代中期之间属于古歙州，以州名物，故称“歙砚”。又因其产于婺源龙尾山中，故又称其为“龙尾砚”或“龙尾石砚”。

歙砚纹理丰富，品类繁多。按照石纹可以大致分为二十多种，其中较为知名的有罗纹、眉子、金星、金晕、鱼子等几大类。**古人认为歙砚有坚、润、柔、健、细、腻、洁、美“八德”**。故宋人苏轼《孔毅甫龙尾砚铭》称赞其曰：

涩不留笔，滑不拒墨。瓜肤而縠理，金声而玉德。厚而坚，足以阅人于古今，朴而重，不能随人以南北。

在历史文献中，一般认为歙砚的开采始于唐代开元年间（713—741），后于宋代而名扬天下。南唐时，歙砚深得统治者喜爱，使歙砚名声大振。例如李璟在歙州任命制砚高手李少微为砚务官，为朝廷督造歙砚。歙砚遂被称作南唐“四绝”之一。

宋时歙砚的制作较之唐代有更大的发展，官府、民间大兴采石制砚。歙石开采量剧增，从业者众多，歙砚精品不断涌现。此间，一些论述歙砚的专著也相继刊印。徽州工匠在歙砚雕刻上以巧用纹理装饰见长，给人以清新、秀逸之感，整体表现深受新安画派和徽派雕刻艺术的影响，因而歙砚雕刻艺术从属于徽派砚雕，一直是徽州文化的代表之一。由于歙石开采过度，宋末某些岩洞已经濒临枯竭，以后三百多年一直没正式开采过。此间当地砚工多在坑口、溪边、山脚、河滩等处寻觅佳石，制出少量石砚，成为明清宫廷和士绅之家赏鉴把玩的珍品，颇能维护歙砚的声誉。

乾隆四十二年（1777），当地官府主持了历史上最后一次大规模采掘，使得清代的歙砚生产较之元、明有所回升。这时的歙砚因最高统治者的喜好而被列入珍宝行列，其砚式、纹饰、雕刻和外部装潢方面的创新也因官营作坊的参与而达到顶峰。

御铭歙石仿古六砚——仿汉石渠阁瓦砚

洮河砚又称洮砚、洮石砚、洮河石砚等，是用洮河石制成的砚台。因其石材产于古洮州之洮河沿岸（今甘肃甘南藏族自治州卓尼县洮砚乡境内）而得名。按色泽的差异，洮石有“绿洮”“红洮”之分。其中以绿色为洮河石的代表色。某些石料表层的天然石膘美妙奇幻，增加了石料的生动与趣味。

洮河石原本被当地人用作砺石，这种情况直到宋代才得到改变。**洮河石的佳品石质硬度适中，膘肥肌嫩，在发墨、护毫等方面与端砚和歙砚相似**，故而宋代鉴赏家赵希鹄在《洞天清禄集》中记载：

除端、歙二石外，惟洮河绿石，北方最贵重。绿如蓝，润如玉，发墨不减端溪下岩。然石在大河深水之底，非人力所致，得之为无价之宝。

宋金以来，洮河石砚备受文人士大夫们的青睐，进一步扩大了洮河砚的名气。其原因在于洮河石的开采难度极大。因而在当时就有人鱼目混珠，试图谋取利益。后来随着战乱影响和社会变迁，洮河砚逐渐衰落下去。

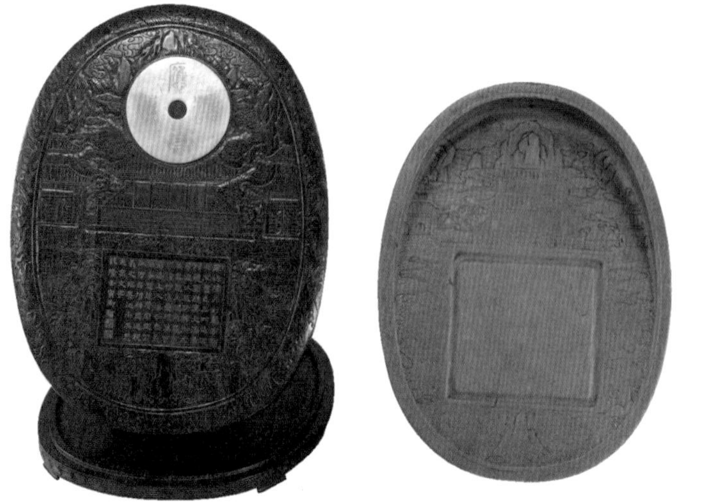

宋洮河石达摩渡海椭圆砚

3. 清宫砚台的整理

（1）按照等级重新装箱

在清点藏砚时，弘历发现宫廷藏砚的等级分类有很大一部分不符合自己的心思，于是下令让造办处“广木作”等相关部门将鉴选过的砚按不同等级进行了重新分类，并加以集中装箱。其分类标准是**以汉代砖瓦所制的陶质砚为尊，其次为石砚，再次是玉、瓷等**。又有仿古各式，是作为“乙夜披章，淋漓丹墨”实用砚台的陪衬。

对于汉瓦砚，弘历决定用红雕漆箱盛装精品。例如他要求原藏乾清宫的瓦砚三方，即汉未央宫东阁瓦砚与铜雀瓦砚一、铜雀瓦砚二配匣盛装，并令苏州织造舒文新制雕漆盒四件，刻“大清乾隆年制”款，盒面由翰林题写“古陶三友”四字。漆盒样式由宫内提供。当年年底，新制红雕漆盒送到，安放于养心殿内。

对于次一等的宋代端砚，弘历要求对原箱进行重新配屉。乾隆四十二年（1777）十一月，弘历传旨将一对雕红漆长方箱之内各式古砚三十方进行配屉盛装。这三十方古砚皆为入“谱”精品。有关机构于是设计了“每箱配三屉样，每屉盛得砚五方”的布局方式，得到了皇帝的批准。

不仅如此，皇帝还对每方砚台都有一定的要求：如苍雪庵凤池砚一方配钟式漆盒，太平有象砚配制长方漆盒，余剩十五方俱配紫檀木盒，将新配长方盒并旧有未嵌玉长方盒各嵌玉一块，其随形砚盒并漆盒俱不嵌玉。

另有嵌玉、画雕花纹、交懋勤殿刻字等步骤，最终分别交养心殿、乾清宫摆放。

同月，内廷交给造办处原存乾清宫洋漆长方箱一件，内盛观象唐砚等十方，各随嵌玉一块紫檀木盒。皇帝传旨：将古砚十方按次序发往苏州，另配新制红漆雕龙箱，并题“璧水联辉”四字。对于再次一级且艺术性较为平常的砚，弘历下令俱用鸂鶒（鸡翅）木箱盛装。乾隆四十三年（1778）十月，他让太监一次性交给造办处四十方砚台，计有唐澄泥六螭石渠砚一方，宋吴儆井田砚一方，宋端石重卦砚一方，宋澄泥海涛异兽砚一方以及旧澄泥玉堂砚一方等。他传旨将砚四十方按次序做屉，配鸂鶒（鸡翅）木箱一对。

对于之前未曾配箱的新制松花石砚与其他砚台，皇帝的要求不甚严格，故而盛装材料也一降再降。例如在乾隆四十三年（1778）十二月，“广木作”收到红丝石风字砚等十方砚台。弘历传旨将砚一方配二层屉紫檀木匣盛装，每屉摆砚五方。然而此匣尚未做完，弘历便直接下令将这些砚台交宁寿宫摆，并吩咐造办处其外套匣不必成做。据《西清砚谱》序，砚谱已于当年春月编撰完毕。相比之前几个批次的砚台整理过程，此次质量较次的几类砚台的盛装过程未免过于草草。我们从中即可体会出皇帝明显的优劣偏好。

乾隆铭澄泥海涛异兽池长方砚

（2）对残损砚台进行修补改制

在对内廷藏砚的清点、归类过程中，人们发现“破”砚占有很大比重，如不经处理便无法继续加以收藏。对这些残缺、损坏的砚，弘历指示进行“收拾”。**“收拾”的措施根据砚品破碎程度的不同，主要包括粘补、描金、局部改型、复制重做等**。

首先是**“刷洗”**。它作为最为初级的修补手段往往与“擦抹收拾”同时进行。其次是**“收拾见新”**。这是对砚的原样做到最小程度的干预，宗旨是**“不可去旧意”**。此举主要就某些部位不合皇帝心意者，进行增改，如增添花纹、磨去旧字重刻新字，或将砚盒上字并砚底上字俱磨去，或者将砚体进行局部改动。另外还有**“补制”**，属于“收拾”中的最高层次。这种举措通常是在有盒无砚，需要另外配砚以补充砚囊匣或文具多宝格内有余空间的情况下进行的。主要原因是皇帝对于砚的消耗与缺损问题表示不满，要求工匠们另外制作新砚，以便将前朝缺失的旧砚补齐。所补之砚的样式、图案一如原来盒内旧砚以配成套。由于这些被仿制对象的造型设计图案和字体书写基本有章可循，故而具体实施与完成的速度也相对较快。

（3）销毁

被弘历归入“毁”砚系列的，主要是那些**质量不高且无法使用，已没有必要保留之砚品、砚材**。如银、锡等金属砚会熔化后另作他用。

长久以来，关于澄泥砚的烧制技术一直是摆在苏州工匠面前的一道难关。**其根本原因在于新澄泥不足够坚硬，因而在烧制试验期间被屡次“毁做”**。

乾隆四十一年（1776），相关主办人曾专门就此事询问有经验的砚匠，得到的回答是：

此澄泥砚性软，系新澄泥，颜色旧意成做，用此澄泥加磁面等，毁造经火可坚硬仿旧等情……

虽然此批砚台后来获准制作，但是皇帝尤感遗憾。

不仅是制砚匠人，而且苏州织造舒文也上奏声明：“传做澄泥砚所以坚硬者，系用彼处所出之时成做。”然而皇帝仍传旨于他，要求此次“务必用澄泥做砚”。

结果乾隆四十三年（1778）十月，苏州送到澄泥玉兔朝元砚二份，经由懋勤殿研墨试看，发现这二份新造的砚台仍然“性软掉泥”，还得送回另行烧造。

直到乾隆四十四年（1779），苏州工匠们将新做澄泥砚的砚坯“**加宜兴澄泥三成之法**”以后，砚台才最终因改变了成分而符合了皇帝反反复复强调的“要坚硬”“俱要成做坚硬”的要求。

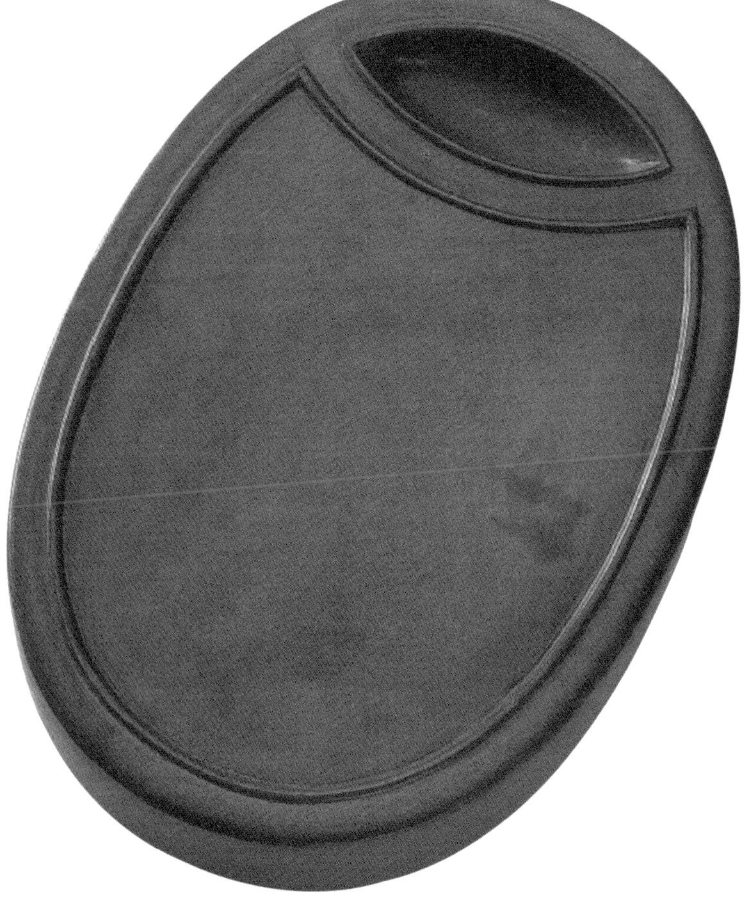

澄泥仿汉海天初月砚

从这里我们得知，不断添加成分配比并重新烧制，使得澄泥砚的砚体硬度增加是当时苏州工匠们一直不懈努力的目标。

（4）留作他用或变价出售

按照物尽其用、厉行节俭的原则，某些艺术价值不大但弃之可惜的小件砚材，被收贮入宫中陈设百什件中；某些已经制成但尚需进一步加工的砚台，一般在懋勤殿等处保存或使用，留待日后关注。一些不堪使用的砚材以及天然砚材、砚坯、被换下的砚盒、嵌玉、象牙牌等则分门别类登记造册，并进行收贮，以便日后“有用处用”。至于一些已经无法收拾或破旧严重不堪再用的砚盒、玉石镶嵌、砚台，多交崇文门税关进行变价。

4. 制作新砚

在整理旧砚的同时，乾隆时期的造办处还新制了一批砚台。其原则：**一是在砚品命名上摹仿前朝砚；二是在造型上摹仿前朝砚。**

弘历对于砚台的制作以及安设地点进行了具体的指导，其内容包括样式、颜色、花纹、铭款、配盒等，具体的大小也由他自己决定。此举模仿其祖康熙帝亲自参与设计御用砚式，并命内廷制作松花石砚的往事。

乾隆朝制砚的原料多为造办处库贮。这些原料当为各地进贡而来，如来自肇庆的端石、徽州的歙石、乌拉地区的松花石等。除造办处及各种砚石的产地之外，由于当时苏州的制砚技艺，以及艺术创作水准较高，特别是澄泥砚制作较造办处更为高超，朝廷便将御砚的制作直接交予苏州地方，再寻找砚工具体承办。

清代宫廷御用砚的式样多依照内府收藏的历代旧砚式样，或参考古人所画之砚图。除此以外，其造型中还出现了因材而制的随形砚以及形式活泼的像生砚。此时制砚在风格上出现了古朴典雅与奢靡华丽两条迥然不同的发展之路。

顾二娘铭端石菌式砚

（1）新砚的制作

按照质地，清宫藏砚种类可以大致分为**陶质砚**和**石质砚**两种。陶质砚中又可分为**陶质瓦砚**、**砖砚**及**澄泥砚**三类。

弘历颇爱澄泥砚。**澄泥砚是唐宋历史上著名的四大名砚之一**，是其中**唯一以泥土为原料的人工烧制而成的非石质砚**。澄泥砚的制作原材料以唐代绛州（今山西新绛）和虢州（今河南灵宝）所产为最佳。其制作最早可追溯到汉代的烧陶工艺。但澄泥砚的制作工艺要求更加繁杂，澄泥砚的制作工艺从采泥、淘洗、制坯、风干到雕刻、焙烧、定型，先后要经过十几道工序。

澄泥砚与铜雀、未央等瓦砚的关键差别是**在制作过程中是否大量使用水且经过仔细淘洗、过滤，进而使得质地细密且呈现油亮光泽**。澄泥砚之名也由此而来。澄泥砚的色泽、硬度以及晶莹、柔润的程度都与此密切相关。另外由于原料、添加剂及烧制火候的不同，澄泥砚呈现多种绚丽的色泽。其特点是**质地坚硬，细腻耐磨，贮水不涸，发墨而不损毫，可与石砚媲美。**在造型艺术上，由于泥料可塑性大，澄泥砚的制作十分注重图案和造型。

至宋代，澄泥砚的形制较唐代更加多变。宋代以后，由于石质砚的大量开采制作，澄泥砚的占比已日显下风。不过在乾隆中期，由于资源匮乏，清宫开始专门派人寻找新的松花石矿源，其范围也由吉林将军辖地扩大至盛京将军辖区。

乾隆四十年（1775）以后，松花石砚在清宫档案中的记载逐步减少并最终消失。在这个历史背景下，弘历急需一种能够替代松花石的砚材。

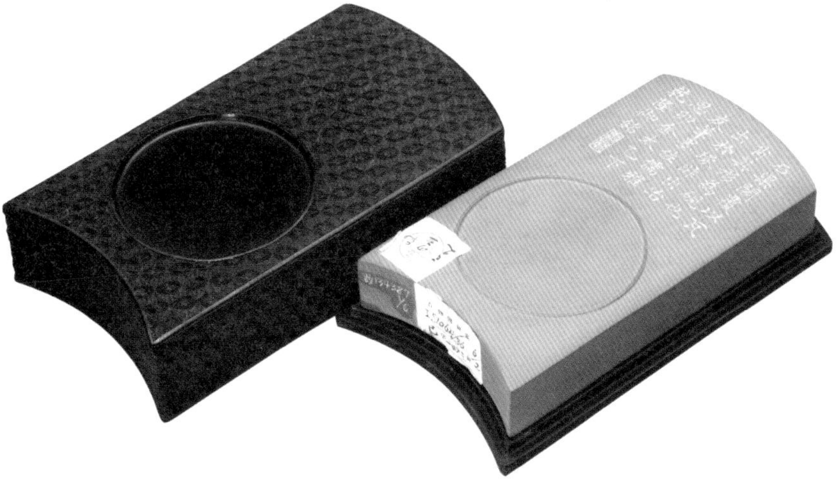

乾隆铭澄泥仿汉石渠阁瓦砚

乾隆铭澄泥仿古六砚

清代乾隆朝仿古澄泥砚的制作高峰期主要是从乾隆四十年（1775）至乾隆五十年（1785）。乾隆皇帝曾对澄泥砚大加赞赏，随即下令造办处搜集整理历代澄泥砚的资料加以研究。从四十一年（1776）开始，取得自山西汾河的澄泥，发交苏州织造承制。经过近三年的努力，直到四十三年（1778）仲夏，苏州地方才研制成功新的澄泥砚料，并进呈御览。**从这时开始，苏州承制的以“玉兔朝元”砚为名的仿古六砚开始接替松花石砚成为当时内廷中最为重要的砚品形式。**

清代宫廷澄泥砚生产的终止有两个标志。一是乾隆五十四年（1789），弘历正式下令传与苏州织造：虎符砚嗣后不必成做。二是乾隆五十五年（1790），因苏州成做澄泥砚的澄泥陆续无存，弘历宣布：澄泥砚嗣后不必成做。仅据《西清砚谱》可知，乾隆皇帝着意收录的高等级仿古澄泥套砚便多达数十套，可见其对澄泥砚的偏爱。

仿汉未央砖海天初月砚与**仿汉石渠阁瓦砚**，此二砚仿唐代所制汉砖瓦砚，分别为椭圆形和覆瓦式。砚上皆题有阴文楷书砚名及乾隆帝御制砚铭。砚面光素平整。前者辟弦月形砚池及椭圆形砚堂。后者则辟圆形砚堂。

瓦砚从成分上来说应该属于陶砚，其中绝大多数是由汉魏建筑上残留的砖瓦改制而成的。其中最为著名的，便是以**汉未央宫诸殿瓦与曹魏铜雀台瓦为材料制作之瓦砚。**

事实上，在隋唐之前，汉代砖瓦砚并不存在，它只能是唐宋以来一些好事文人利用秦汉废墟中的砖瓦，按照自己的喜好加工而成的。而唐宋时人对于砖瓦细腻材质的偏爱，源于当时人对于陶、瓷砚加工技术的极致追求。

乾隆铭澄泥仿汉海天初月砚

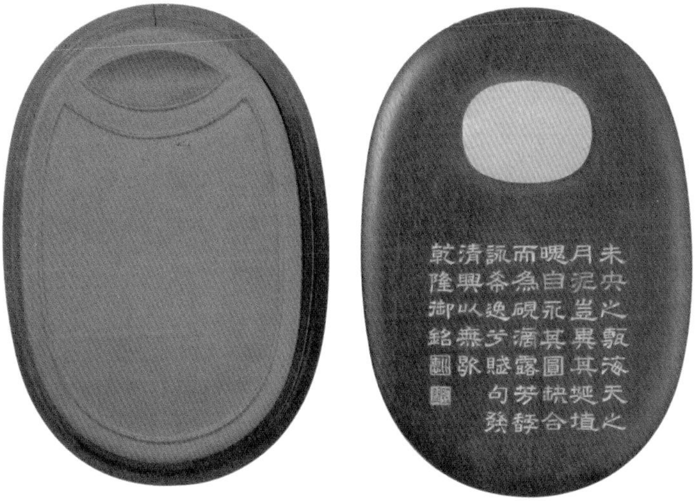

乾隆铭澄泥仿汉石渠阁瓦砚

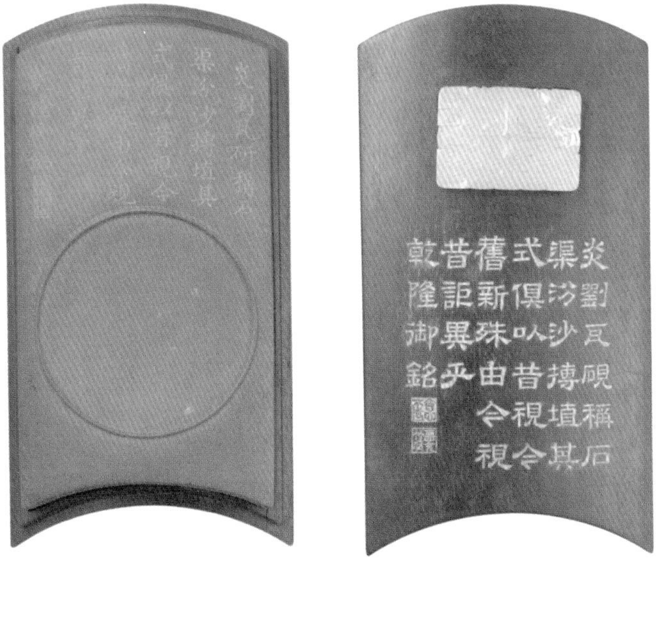

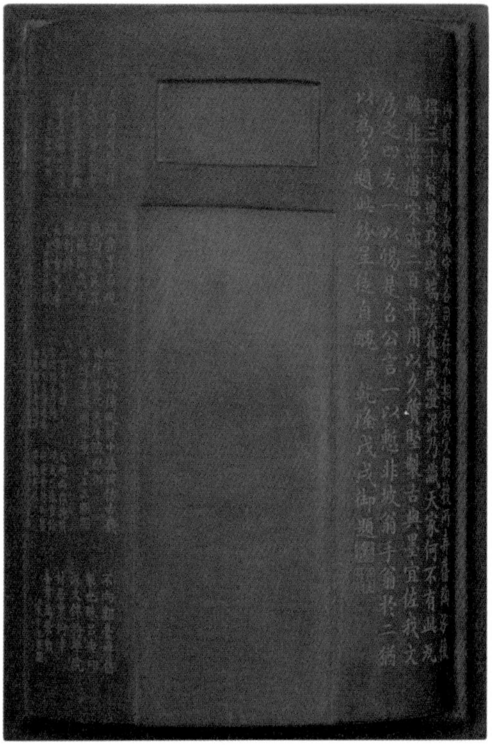

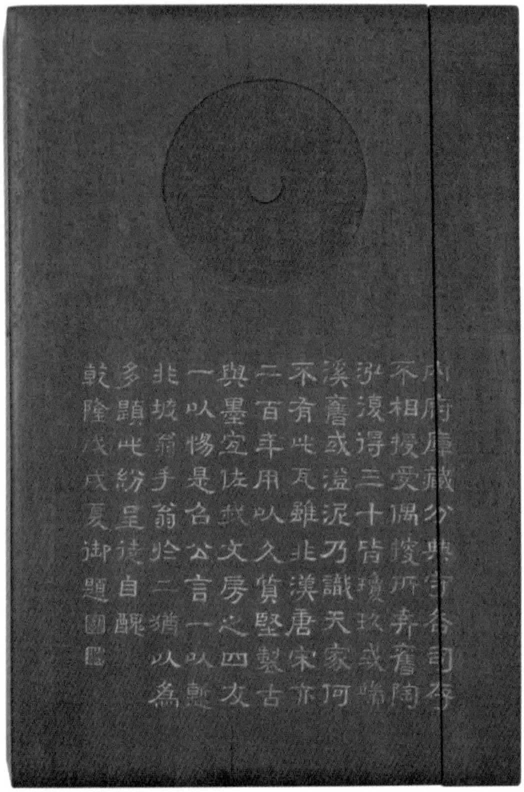

明制长方瓦式砚

乾隆铭澄泥仿唐八棱澄泥砚

仿唐八棱澄泥砚与**仿宋玉兔朝元砚**，此二砚仿前代所制**辟雍砚**，分别为八棱和圆形。

前者砚面中心为圆形砚堂，周环凹下成渠，是为砚池。砚池至外缘间浮雕波涛、飞鱼、海马等。后者还添加了唐镜造型，并加以发挥。其砚面边缘突起一周弦纹，内为砚堂，光滑平坦无砚池。砚背雕有玉兔朝元图，边缘环识阴刻楷书铭。

乾隆铭澄泥仿宋玉兔朝元砚

辟雍砚是主要流行于中国汉唐时期的一种砚台式样。汉代文学家班固《白虎通·辟雍》曾记载：

辟者，璧也，象璧圆，又以法天，于雍水侧，象教化流行也。

此类砚台多为圆形，因砚面凸起，砚池围绕在砚堂周边，犹如辟雍环水，故称辟雍砚。“辟雍”之名源于周天子为贵族子弟所设置的太学，取其建筑四面环水，形如璧环而得名。辟雍砚大约出现于东汉后期，流行于南朝，至宋代逐渐消失。

绿釉十兽面柱圈足辟雍砚

北京国子监辟雍殿

辟雍砚砚台材质中陶砚较少，而瓷砚占绝大比例，釉色多样。其砚堂露胎不施釉以便研墨，砚台底座足部明显突出，并以数量众多见长，甚至出现了有数十只足的多足砚。不仅如此，砚足的造型还有兽足和花瓣足之分。这类整体圈足，不仅成为一种装饰，而且使得砚体上小下大，有利于磨墨时更为稳固。

另外还有一种**石渠砚**。此类砚式是在长方形或方形砚堂周围环以相应水槽，在造型上借鉴了汉代未央宫石渠阁的建筑布局特点。**仿宋德寿殿犀纹砚**砚面开瓶形砚堂，瓶口处深雕墨池。瓶外满饰犀纹。砚背镌楷书阴文乾隆铭。此砚系仿宋抄手砚的再创作。

乾隆铭澄泥仿宋德寿殿犀纹砚

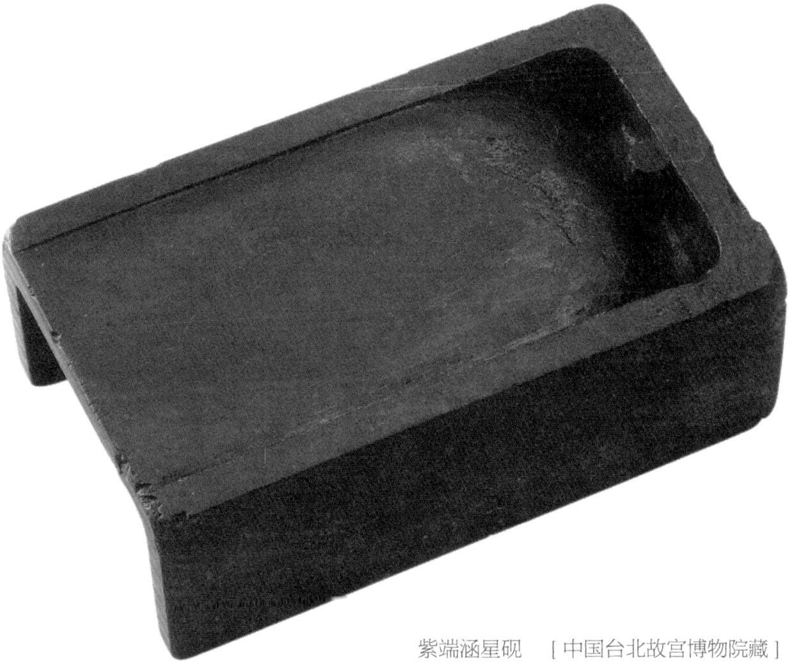

紫端涵星砚　[中国台北故宫博物院藏]

抄手砚是主要流行于中国宋代的一种砚台式样，又称**“插手砚”**或**“太史砚”。所谓抄手，是将砚背部分挖空，便于将手插入砚底进行挪移，故名**。就功能性而言，此式样可减轻砚体的重量，体轻且稳，便于搬动，也便于清洗。

从北宋早期开始，抄手砚的长方形砚堂多呈斜坡状。此式一直流行至南宋初期。

抄手砚属“风”字砚系统，是唐代箕形砚演化的结果。长方形抄手砚为宋代的主流。此类抄手砚在外形上较为规整。砚侧如同双足。**宋代抄手砚造型稳重、端庄、淳朴、大方，其线条处理流畅明快，制作极为**

乾隆铭澄泥仿宋天成『风』字形砚

讲究，既实用又雅观，体现了一种内在的美，故而在中国制砚史上影响深远。

仿宋天成“风”字砚为“风”字式，砚面开偃月形墨池，砚堂平坦光素；砚背平滑，镌刻楷书阴文乾隆铭。

箕形砚是主要流行于中国唐代后期的一种砚台式样。此类砚式因形如簸箕而得名，特征极为明显。箕形砚又称“风”字形砚或“风”字砚。砚面一般没有纹饰，砚首较窄，或圆或方，砚尾则较为宽平。砚堂与墨池相连，部分砚堂与砚池之间多有明显的折线，便于聚墨。其底部一端落地，一端多以双足支撑。

晚唐至五代，两足箕形砚继续得到发展，进而演变成近长方形的“风”字形砚。其状上窄下宽，两侧边收腰，尾部两侧外撇如同凤尾，底部还有小足作为支撑，形成尾高首低的样式。墨池为斜平底簸箕状，可保墨汁不致外流。

端石『风』字形砚

（2）配制砚盒

在乾隆朝，几乎所有的砚品皆贮存在囊匣之中，以防止存放不当及人为损坏。

砚盒的种类分为漆质、木质、石质以及金属质四种。其中漆质材料的匣体本身具有胎薄体轻，防腐抗酸，坚固耐用，不易变形，历久弥新的特征。不仅如此，漆艺砚盒造型的气质，雕饰得浩繁精丽，形体的庞大与清朝的奢华相得益彰。**漆质砚盒又分为两种，即洋漆和黑漆**。洋漆器因制作精致、图案清丽而颇受皇帝们的喜爱。雍正、乾隆年间是洋漆生产的全盛时期。当时清朝造办处专设制作仿洋漆器的作坊，同时在地方上如苏州等地亦有生产加工的能力。

在用途上，洋漆囊匣多用于较为贵重的文具盛装，以及多宝格文玩的盛装。黑漆类砚盒多为百什件内配砚的附件部分，一般附于屉板或托

虢州石“风”字砚的匏制砚盒

歙石荷叶式砚的螺钿漆盒

盘之上，用以盛装砚品。它们是与砚台本体的直接接触者与保护者。部分乾隆朝制作的黑漆砚盒除了刻年款、刻字外，造办处还会根据所盛砚品的纹饰内容镌刻各色名签。

为了使砚盒更加牢固，某些盛装较为贵重的砚台，如松花石砚等，则使用紫檀木边黑漆描金长方砚盒或紫檀木黑漆砚盒。此外，还有红漆、螺钿漆等材质的砚盒。

紫檀是清代制作砚囊匣的首选木材。将紫檀木当作囊匣，一般用于盛装比较高级的御砚。弘历曾下令将以前无盒砚及不符合其审美的锦盒等全部换成嵌玉紫檀木盒。**楠木**的使用范围和频率要远远小于紫檀木。其功用有三：**一是做箱。二是用作外套匣。三是用作屉和屉板**。至于**花梨木则主要配装端砚、松花石砚**等，但用量并不大。由于其盛装的是较为高级的材质，所以配花梨木的砚盒并嵌玉。其他木材还有瀏鹕木、桦木、影子木等，这些木材相对前面几种木材而言并不常用，多作为辅料。它们被直接充作砚盒的情况较少，虽在前朝有其用作砚盒配装唐宋以来旧端砚的记载，但此时它们却主要成为被改造的对象。

关于石质砚盒的选择，大都是从色泽搭配上进行考量，从而配备相当数量的**松花绿石砚、端石砚以及乌拉石砚**。具体而言，我们从色泽上可以分为花、紫、黄、绿以及黑、白等。从质地来看，有**玛瑙石盒**、

康熙铭松花石嵌蚌池砚

端石镂空方胜纹铜盒暖砚

牛油石盒、松花玉石盒及乌拉石盒等，甚至还有直接将歙石作为砚盒的记载。

用作暖砚盒的材质以铜镀金较多，质地以掐丝珐琅和黄铜为主，内盛端石、歙石以及松花石等。这些金属砚盒中还常常有用“烧古”或“烧古流（鎏）金”的手法进行装饰的记载。暖砚一般都设有耐热的凹槽或抽屉。严冬时，可以在屉内装上炭火加温，或利用铜盘导热于砚体，使其温墨。

关于暖砚的装饰，匠人一般将四侧砚壁进行镂空。基本图案有福寿纹、绵绵瓜瓞纹、素锦纹等。这种雕刻形式，既减轻了砚的重量，又增强了砚的美感，同时，作为暖砚，还起到通风旺火的作用。

至于五龙纹、夔龙纹等，则以高浮雕的形式体现于砚盖之上。有时为达到炫目的效果，工匠们还被要求**“按例加三倍镀金”**。

铜胎掐丝珐琅匣端石暖砚

乾隆仿宋宣和『风』字暖砚

在档案中涉及砚囊匣维护、保养的地方，也被称为“收拾”。以漆器为例，其“**收拾见新**”工作可以具体分为**擦抹（包括打磨、刷洗）、线缝、磕（裂）处粘补以及另漆里（底）几类**，其中擦抹的难度最低。

乾隆帝崇尚文雅，雅好古风，精于鉴考古玉。这些嵌玉来自库贮，或是从前朝砚盒上拆下的旧物。尤其是那些体量较小且形式多样，充满生活情趣的“汉玉”“古玉”或“旧玉”颇得乾隆帝的欣赏。

紫檀木色调深沉肃穆，以紫檀木制成的家具，若不加任何镶嵌装饰，难免会有一种单调沉闷之感，而镶嵌上洁白光润的玉石饰件，就会打破这种沉闷压抑之感，明暗对比、冷暖色调相间的反差会产生悦人眼目的视觉效果。

而从另一个角度看，嵌玉在砚盒上的使用更能折射出乾隆帝不使“良材屈伏”之心理，传达出乾隆皇帝知人善任、追求完美的治国之德。

乾隆铭歙石玉兔朝元套砚砚盒上的嵌玉

5. 成品御砚的去向

新制成的御砚去向大致有三：

一是送回到原处摆放。等级较高的砚品多出自宁寿宫、乾清宫、养性殿、养心殿、懋勤殿等地。经由造办处整理之后，绝大多数又重新回到了原来的陈设地点。

如**宁寿宫**藏有汉铜雀瓦砚 6 方以及宋合璧端石砚、旧端石海天浴日砚、仿汉未央砖海天初月砚、仿汉石渠阁瓦砚、仿唐八棱澄泥砚、仿宋玉兔朝元砚、仿宋德寿殿犀文砚、仿宋天成“风”字砚等；**乾清宫**藏有汉未央宫东阁瓦砚、汉铜雀瓦砚一、汉铜雀瓦砚二、汉砖多福砚、晋王廞璧水暖砚、宋翠涛砚等 19 方；**养性殿**藏有宋米芾远岫奇峰砚、宋文天祥玉带生砚、宋宣和梁苑雕龙砚、仿宋宣和梁苑雕龙砚、元虞集澄泉结翠砚等 5 方；**养心殿**藏有宋澄泥虎符砚一、明文徵明琭玉砚等 6 方；**懋勤殿**藏有旧澄泥玉堂砚一、旧蕉白绒锁砚等 6 方；**乐寿堂**藏魏兴和砖砚、唐石渠砚二、仿唐八棱澄泥砚；**景福宫**藏宋苏轼从星砚、旧歙溪苍玉砚、仿唐菱镜砚一；**符望阁**藏宋四螭澄泥砚、宋澄泥虎符砚三；**寻沿书屋**藏宋澄泥石函砚二；**延趣楼**藏汉砖虎伏砚；**倦勤斋**藏宋澄泥璧水砚；**颐和轩**藏汉砖石渠砚；**养和精舍**藏旧端石天然壶卢砚。另有 10 方分赏皇六子、八子、十一子、十五子、十七子；35 方陈列于**南海**、**圆明园**、

长春园以及热河等处。由此可知，当时在这 240 方“著录砚”中有五分之一已经流出紫禁城。

二是送到指定地点。这些地点包括**三山、五园等皇家苑囿**。

尤其是以**仿制石渠砚、仿制虎伏砚**为代表的宫廷御砚，在制成之后绝大多数被送到各地行宫摆放。

乾隆铭仿古澄泥石渠砚

清仿古澄泥虎伏砚

特别是在乾隆四十二年（1777）前后，原来被康雍乾三代皇帝所专宠的松花石砚由于资源枯竭而停止制作，取而代之的便是由苏州织造所承办的澄泥砚。

从乾隆四十二年（1777）直到五十五年（1790）的这段时间内，弘历不断令人将澄泥玉兔朝元砚摆放于其出巡的各条线路上，北狩、南巡两条路线上着力尤多。

例如在北狩路线上的南石槽、密云、巴克什营、常山峪、喀喇河屯、热河、张三营等处行宫；京畿路线上的盘山、天津、燕郊、白涧、三家店、大兴庄、隆福寺、丫髻山、桃花寺等地；鲁豫路线上的涿州、紫泉、赵北口、思贤村、太平庄、红杏园、绛河、德州、晏子祠、泰安、泉林、郯子花园等地；南巡路线上的顺河集、高旻寺、金山、苏州府、灵岩、龙潭、江宁府、杭州府、栖霞等行宫，被专门摆放了三套以上的澄泥玉兔朝元砚。

三是赏赐给臣下或番邦首领。

早在康熙年间，玄烨便不断将出自东北的松花石砚赏赐给臣下。到了乾隆年间，这种赏赐继续进行。赏赐的范围包括皇族、近臣以及藩属国国王。不仅如此，他还时常命令造办处“广木作”“匣裱作”等将剩余材料暂时留存作“赏人用”。

6. 乾隆时期内廷砚台整理活动的特点

“三藩”平定后，熟谙儒家文化的康熙帝，试图通过文化认同换得汉族士大夫的政治认同。

清人《万国来朝图》

弘历在位时期重视文化典籍的收藏与整理。其中最突出的文化成就是在全国范围内征集图书，编纂巨帙《四库全书》。《西清砚谱》作为当时最为先进和全面的清代砚史研究成果，便是《四库全书》中的一种。

该书的纂修，是在乾隆四十三年（1778）开始进行的，当时乾隆皇帝命大学士于敏中、梁国治、王杰、董诰、钱汝诚、曹文埴、金士松、陈孝泳等八人，将内府所存诸多藏砚加以精心挑选，最终收录了240方精品。

谱前有乾隆皇帝所制序言。序后为凡例、目录。谱中砚台的图绘部分吸收了当时清宫内部所流行的西方透视法，故而砚台图样与实物本身极为神似，且符合比例。

不仅如此，八位大臣收录每一方砚台均进行了详细记载，如尺寸、材质、形制、出处及收藏鉴赏者的姓名等，并核其纪年、署款、公私印记，对历朝史传所记载亦细加考证。这为我们了解清宫所藏历代名砚总体概况及其流传经过，提供了极为形象与准确的宝贵资料。

砚台也是我国石（砖和玉）雕艺术与赏石文化的重要组成部分。《西清砚谱》中的砚台造型多样，常以仿生和博古为题。

在砚体装饰上，主要利用图案、嵌件以及刻铭等方式持续强化和突出主人所要表达的思想寓意。

一是**辅助图纹**的运用。砚上常用辅助图纹有黼黻纹、绳纹、回纹、云纹、龙纹、瓜瓞纹、灵芝纹等，以及龙马负图、太极图等。这些雕刻细致入微，自然随意，具有婉转流畅的艺术效果，突出了士人渴望归隐山林，追求心灵自由的情感。至于动物形如龙、虎、鹦鹉、鹅等，以及钟形、覆瓦形等博古题材，则反映了文人们对于日常生活的热爱。

二是**镶嵌工艺**的运用。其嵌件主要有蚌丁、鱼化石以及玉石等。蚌丁又称“银母”，在松花石砚上嵌蚌丁是自康熙以来清宫御砚装饰的一个特色。

三是**字体装饰**。字体装饰也称“砚铭文”，是一种以自由文体在砚上的装饰，长短、多少各异，诗文皆可，咏砚言志，谈论性理，其书体亦不拘一格。

在此背景下，与儒家文化息息相关的文房用具，自然得到了最高统治阶层的青睐。其中松花石砚便是其中的代表，因而乾隆时期对御用砚台的整理还具有相当的政治含义。他将清朝之兴描写成为深具文化底蕴的文明初曙，着力增强自身的文化优越感，以此与高度成熟的汉文化相匹配。

盒盖带有鱼化石的松花石砚

青玉凫式砚

松花砚是清宫内务府造办处工匠利用东北松花江石制作的砚台，又被称为“松花江砚”“松花石砚”以及“绿石砚”“绿端砚”“松花玉石砚”等。松花江石产于东北长白山的松花江上游地区，命名遵循了古时砚石以水为名的传统。至于其“乌拉石”之名，则出于其产地——吉林将军驻地乌拉地区（今吉林市）。此命名又遵循了以地名物的习惯。

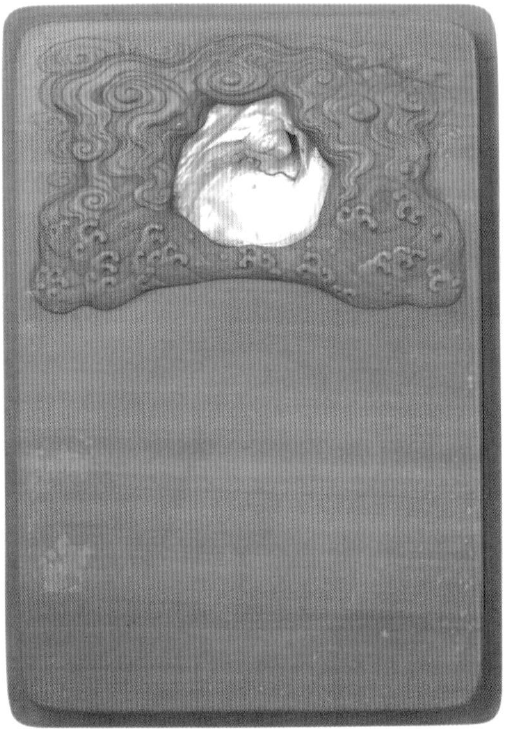

仅就外观特征而论，松花石石质细腻光滑，坚硬致密。此类砚石在发墨品质上“涩不滞笔”，与端砚相同而超过了歙砚。其品质极佳者呈深绿、浅绿以及嫩绿色，常给人以色嫩无瑕、温润如玉之感，故被誉为“**松花玉**”。尤其是某些精品砚石上多有较为规则、清晰的横向石脉纹理，如刷丝状，具有独特的自然美感，极富装饰及艺术效果。

自清康熙中后期起，这类石材作为贡品进入朝廷，并且遵照皇帝的旨意，制成具体的器物以满足宫廷所需。其中碧绿色品质佳者被用作专门的砚材。清代的几位皇帝如康熙、雍正、乾隆等人都对松花石砚喜爱有加。他们不仅亲自设计砚式，而且还专门撰文给予松花石砚高度评价。例如康熙皇帝曾亲自为松花石砚撰写了一篇《制砚说》，并特别指出用其**“方磨隃糜，试之远胜绿端，即旧坑诸名产亦弗能出其右**，故有人由此概括出松花石砚‘品埒端歙’这一说法。”

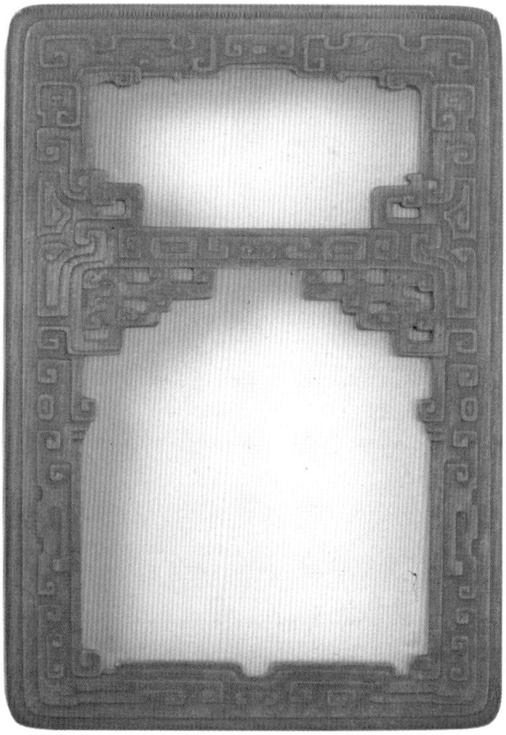
松花石海水云龙纹嵌蚌池长方砚

康熙帝制作的“绿砥”，反映了清朝的“文运肇兴，扶舆彰瑞”。在满汉矛盾尚较大的康熙朝，康熙帝此举有着认同儒家传统文化，消弭满汉矛盾的政治意图。而**康、雍、乾三帝大量赏赐臣下御制松花石砚的行为，不仅密切了君臣关系，也融洽了满汉关系**。

文具也构成了君臣交谊活动的主要载体。君臣们通过在砚墨上题诗等形式，完成了这种颇具人文情趣的君臣互动活动。它在清宫内的出现和瞬间兴盛反映了当时中国多元化文明联系的进一步加强和融合。

由于砚材的愈加广泛，雕刻技艺的日臻完善，书画家、文人学者对砚的研究也越来越深入，因此研究成果也层出不穷。

于敏中（1714—1780），字叔子，号耐圃，江苏金坛（今常州市金坛区）人。雍正七年（1729）中举，乾隆二年（1737）中状元，授翰林院修撰。后晋为文华殿大学士，兼户部尚书。在乾隆皇帝的授意下，于敏中在参与大清帝国的文化工程建设之中，出力甚多。

除了编订的《西清砚谱》外，他还直接参与编修过多部文化典籍。乾隆皇帝任于敏中为《西清砚谱》的主编，使得《西清砚谱》的编纂具有了官方背景，成为清乾隆年间记载皇家藏砚的集大成之作。

康熙铭松花石暖砚

第三章

归政养性殿

筹建宁寿宫

弘历登基之初，年轻的皇帝对上天承诺：
执政六十年后即退位归政，交出自己的皇位。
宁寿宫是乾隆皇帝为自己退位后修建的颐养之所，
他希望能够像祖父康熙皇帝那样治理好国家，
也希望普天之下『亿万人增亿万寿，泰平岁值泰平春』。
在他看来，像历代文人高士那样旷达，寄情于园林之乐，
则是颐养心性而求得长生的现实途径之一。
为什么弘历如此执着于长寿？
因为他需要心理补偿。
在不到十年的时间里，弘历两次痛失寄予厚望的嫡子，
加上爱妻富察皇后的死，让他几近疯狂。
即便弘历当上太上皇后，
还带着新上任的嘉庆皇帝去富察皇后的墓前祭祀缅怀。

1. 归政

乾隆四十一年（1776）元旦，按照旧例，乾隆帝召大学士及内廷翰林于重华宫举行茶宴。这一年联句的主题内容是庆祝宁寿宫落成。当着众位大臣的面，弘历在《新葺宁寿宫落成新正恭侍皇太后宴因召廷臣即事联句》中称：

本拟乾隆六十年，设诚如愿禅应然。敢期增益比皇祖，定卜京垓迈老钱。

诗注中透露了自己即位之初，曾向老天爷默许过当皇帝六十年后“即拟归政”的诺言。为了这一天，他做了很多准备。他作为康

清人画弘历岁朝行乐图像

熙最宠爱的孙子，自幼便打心眼里崇拜祖父康熙的文治武功。为此，当雍正十三年（1735）九月举行即位大典时，他一边焚香，一边祷告上天：

昔皇祖（指康熙）御极六十一年，予不敢相比。若邀穹苍眷佑，至乾隆六十年乙卯（1795），予寿跻八十有五，即当传位皇子，归政退闲。

他能够在登基大典的第一天，就宣布自己在乾隆六十年后归政退闲，这说明弘历的归政思想由来已久。

在这次重华宫茶宴上，他还在《宁寿宫落成联句召大学士及内廷翰林等至重华宫茶宴即席成什》中提到：

八旬有五应归政，践阼之初盟宿忱。豫立中庸明训著，宛看宁寿落成吟。汉唐太上那须数，尧舜传心是所钦。一日业乎宋儒语，敬兹敢懈凛难谌。新正文宴例循成，吉语迎禧此共赓。宵雅昨因咏松茂，重华今用侑茶清。同寅异日胥耆宿，小翰他时亦上卿。设果天恩符所望，回思此际可无情。

在诗中，弘历对历史上贪恋天位，不肯立储的数位太上皇的种种表现非常鄙视。昔日，唐宣宗听到裴休立储之请，便郁郁不乐，竟然说出“若立太子，则朕为闲人”的言论。而宋英宗册立太子后，则潸然泪下。故而弘历在《慎建储贰论》中发表了自己对于立太子一事的看法，他说：

这些人对于君权恋恋不舍，是因为他们只知道吃好穿好，所以觉得作为一个皇帝很快乐。其实他们并不知道做一名合格君主的难处。因为他们不明白一个君主的职责是什么。作为天下之主，既要管理好百官之事，又要常把百姓的疾苦放在心上。如果能够做到“宵衣旰食，不遑宁居”，就会只觉其难苦而不觉其乐。

弘历下令重建宁寿宫，是为了将来自己执政60年后当太上皇做准备。**在他的心目中，这座宫殿在建筑上应有最高规制，超越了历史上任何一座太上皇宫，突出了至高的权威。**

不仅如此，太上皇宫还应该功能齐全，无所不包，不仅有举办庆贺

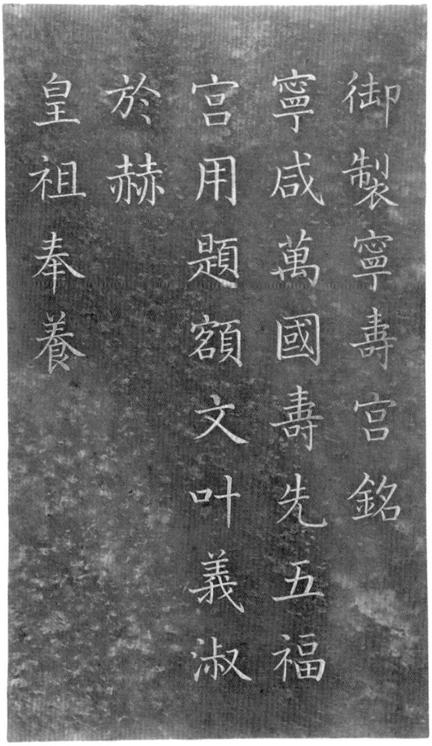

青玉御制宁寿宫铭册

大典的正殿皇极殿，还有祀神的宁寿宫。

此外，还要有跟养心殿一样的宫殿。这里可以批章阅本，召对引见，宣谕筹谋。此外还应该有花园、有戏台、有佛堂、有寝宫、有书屋等。

更重要的是，他还得把之前最喜爱的建筑放在宁寿宫花园里，这些建筑都是弘历自己以前设计的。

最终，这座新的皇宫于乾隆四十一年（1776）竣工。弘历倾注了大量心血，对此做了精心的布局和设计。

宁寿宫建成后分为两部分，面积达 4 万平方米，总计房屋一千余间。前部分由皇极殿和宁寿宫组成，后部分则有中、东、西三路：中路为养性殿、乐寿堂、颐和轩、景祺阁；东路为畅音阁、阅是楼、寻沿书屋、庆寿堂、景福宫、梵华楼；西路为宁寿宫花园，建筑有古华轩、遂初堂、萃赏楼、符望阁、倦勤斋等。

養性殿

弘历对士人雅好山水、寄情丘壑的归隐生活神思向往。他梦想着归政之后能够过上那样的生活，遂在宁寿宫中赋予了归隐之意，借以强调宁寿宫与其他宫殿不同，即自己归政之后，不是留恋游玩而是要过隐逸生活。例如他在花园大门之后立有禊赏亭，仿东晋兰亭而建。

乾隆铭松花江石“采菊东篱下”桃纹池砚

宋洮河石兰亭雅集砚

禊赏，原是古代禳灾祈福的一种祭祀活动。**“禊”为洁身除邪去疾，有祈求安康宁寿之意。**东晋时代以王羲之为代表的文人骚客利用春禊时节相聚于兰亭，进行诗酒相酬的活动。而禊赏亭后遂初堂的命名，同样有归政之意。因为**“遂初”一词，缘自士人的隐逸文化，有去官隐居得遂初愿之意。**

宁寿宫作为弘历归政后的“以待天庥”之所，他站在一个很高的高度，将这座新宫的意义阐释为**“宁咸万国，寿先五福”**。这个思想出自《尚书·洪范》中**“皇建其有极，敛时五福，用敷锡厥庶民”**。具体而言，**五福“一曰寿，二曰富，三曰康宁，四曰攸好德，五曰考终命”**。他认为治理天下应遵循一定的法则。上天建立的最高标准就是把福寿赐予天下百姓。而在五福中，寿排在第一位。只有最高统治者遵守天道，用圣王之道，先赐给百姓以寿福，希望“寿同黔黎”，即普天之下都长寿幸福。一旦帝王确立了这个准则，推行仁政，就会得到上天赐予的大福，并且长命百岁。

由此可见，他把自身的长寿与古代帝王治理天下的理想结合起来，这也许就是他心目中的尧舜时代。不仅如此，他还试图通过供奉罗汉来延长其寿命。弘历曾在宁寿宫花园中布置了多处佛堂供奉罗汉。罗汉指小乘佛教修行者所要达到的四种果位中的最高境界，即阿罗汉果，故称为**罗汉**。

据佛经说，**他们受了佛的嘱托常住世间，即便自己已经修行得到解脱，仍不入涅槃，他的职责是要引导其他众生解脱生死轮回**。当弘历的祈寿心愿与罗汉信仰相结合时，便契合了自己既祈求自身长寿，又祈求万民长寿的愿望。

乾隆铭十六罗汉赞墨

2. 失子之痛

为什么弘历如此执着于长寿?

修建宁寿宫在一定程度上反映了弘历内心强烈企盼自己有无穷儿孙的思想。他曾在八十大寿接见英国公使马戛尔尼时，当着永琰的面，跟英国人谈起之前他的多个皇子相继离去，使他甚感悲戚。

长寿本是人类祈求生命延长的一个平凡的愿望。在古人看来，自身的长寿算不了什么，毕竟人总有一死。唯有儿孙满堂才可体现自身的长寿，进而使自身的生命价值得以延续。

弘历坚信，只有把个人的长寿与帝祚的延续结合起来，才能延续国运的长久。那么怎样才能够传递帝祚这根香火呢？显然要靠后代来接续。**帝祚永续**是每个帝王的梦想，乾隆帝也不例外。作为一个帝王，最大的心愿就是要把皇位一代代地传下去，故而选定一位合格可靠的皇太子是一件非常重要的事情。

他站在历史的高度对大臣们说：

> 如果唐高祖不立李建成而立李世民，明太祖不立朱允炆而立朱棣，就不会有玄武门之变和金川门之变，更不会出现骨肉相残、忠良惨戮的局面。

乾隆元年（1736），弘历毫不犹豫地选择年仅7岁的次子**永琏**作为皇储。永琏是弘历与嫡妻富察皇后所生的第一个儿子，因为永琏“聪明贵重，气宇不凡”，除深得祖父雍正钟爱外，还有另外一个原因：弘历虽然是清代第一个以秘密建储方式获得帝位的皇帝，但实际上，弘历这时对秘密建储的做法深为鄙视。

弘历最初崇尚的是公开建储的传统方式，而把秘密建储作为一种暂时的考察方式对永琏进行一番考察。雍正当初赐名永琏时，就已经有“隐示承宗器之意”。不想仅仅过了两年多，即乾隆三年（1738）十月十二日，永琏却突然夭折，死时还不足 10 岁。

悲痛万分的弘历在永琏去世的当天，即命人将“元年密藏匣内之谕”取去，同时公开宣布他早已将永琏建为皇储，只是差册封仪式而已，遂令以皇太子的礼仪为其治丧，还给永琏上谥号为“端慧皇太子”。他连续五天没有上朝，并对永琏的葬礼和墓地还极其重视。可见弘历对于爱子夭亡有多么悲痛。这种嫡子承位的传统观念牢牢束缚着他的思想，使他在考虑皇位继承人时，不愿做其他选择。

直至乾隆十一年（1746），皇后富察氏又为弘历诞育一子，满心欢喜的弘历给这个孩子命名为永琮，并对他寄予无限的希望。然而在乾隆十二年（1747）除夕，永琮却因出痘而亡，年仅两岁。这使弘历痛彻心扉。

在不到十年的时间里，弘历两次痛失寄予厚望的嫡子，这对他精神上打击之沉重是可想而知的。永琏、永琮的相继早逝，同时给孝贤皇后富察氏带来的悲痛和打击更加沉重。乾隆十三年（1748），富察氏病逝于随弘历东巡返京的御舟之中，年仅 37 岁。

在永琮和皇后相继去世时，丧妻失子的悲痛和宗庙社稷付托不得其人的烦恼，使正当盛年的弘历变得暴躁易怒。在恶劣情绪支配下，由对永璜、永璋在迎灵仪式上的不恭强烈不满，引发弘历对公开建储制度的全盘否定。

弘历向内外大臣明确宣布，他将效法皇祖、皇考，今后不再明立皇太子。他还为此向众臣提出了警告：**今后在满洲大臣内，如有具奏当于阿哥之内选择一人立为皇太子者，那就是有意离间父子、惑叛国家之人，将被“立行正法”。**他要求后世子孙永远遵守此制不再改变。

弘历曾一度根本没有心思去考虑继承人的问题，直到五阿哥**永琪**逐渐展现出才能。

永琪生母虽出身低微，但永琪自身才能卓越。他除了有语言天赋外，还在文化、武技等方面出类拔萃。更难得的是，他的人品还很高尚，至诚至孝。甚至在乾隆二十八年（1763），圆明园九州清晏殿失火时，能够不顾危险冲进火中救出弘历。不过很可惜的是，永琪也英年早逝了，年仅 25 岁。

名义上拥有十七子的弘历在考虑建储时，实际上并没有多少选择的余地，弘历希望帝位落到他满意的皇子头上，选来选去，他曾经属意的三个继承人不是夭折就是早逝，许多偶然的因素，使永琰被弘历在不十分情愿又无可奈何的情况下密建为皇储，经历了严格、漫长的暗中考察。最终在乾隆六十年（1795）九月初三，已经 85 岁的乾隆皇帝宣布，早在乾隆三十八年（1773）冬即已秘密册立皇十五子永琰为皇太子，并宣布第二年本人退位，改元嘉庆，永琰也改名**颙琰**，进而成为**嘉庆皇帝**。

然而他迟迟定立太子的举动，未尝不引起人们私下里谈论他贪恋宝位。他 60 多岁时，又反复向臣民证明自己没有贪恋宝位的心思，他说等到自己过完六旬大庆后，即下旨营建宁寿宫，作为将来优游颐养之所。对于一个归政的老人来说，他最想留住的就是自己的家庭。弘历想到归政后，应该给自己留下点什么，供自己欣赏和怀念。他要把自己认为重

清人画孝贤纯皇后朝服像轴

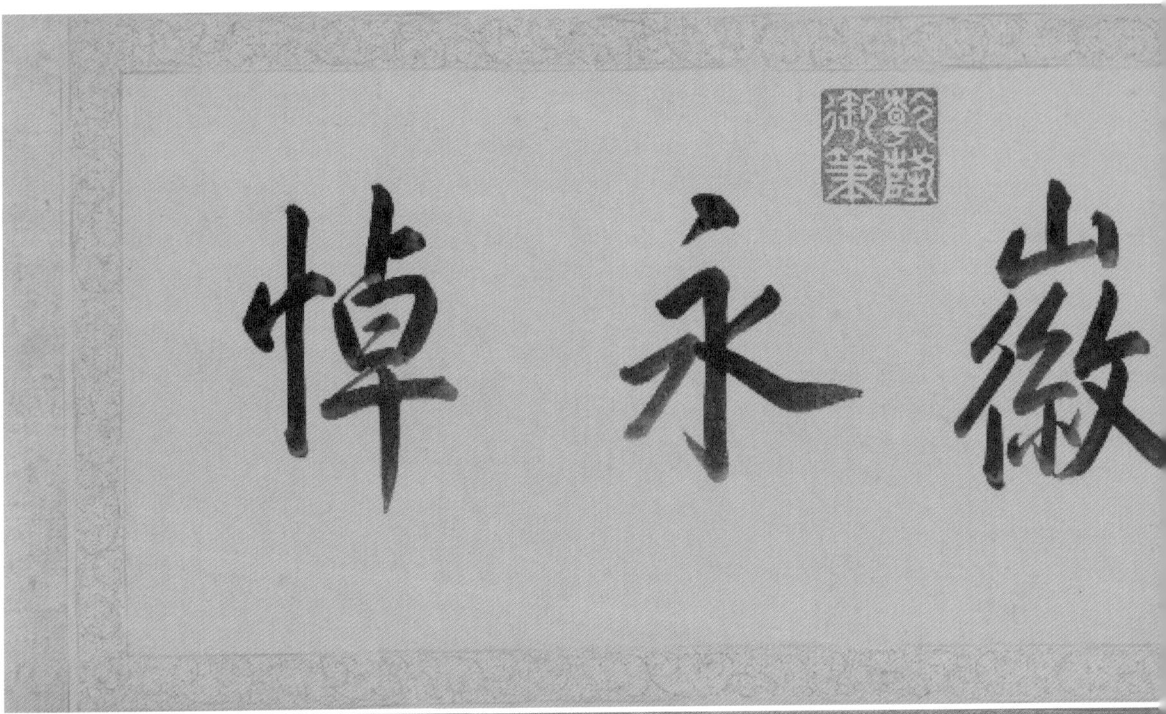

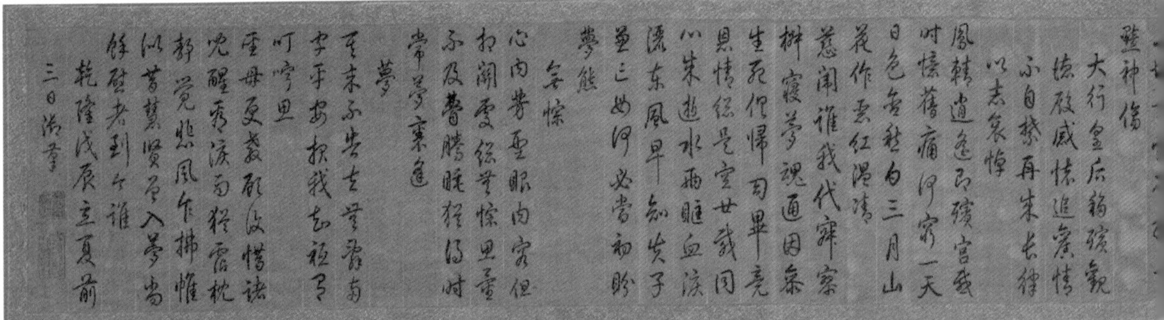
乾隆戊辰立夏前
三日

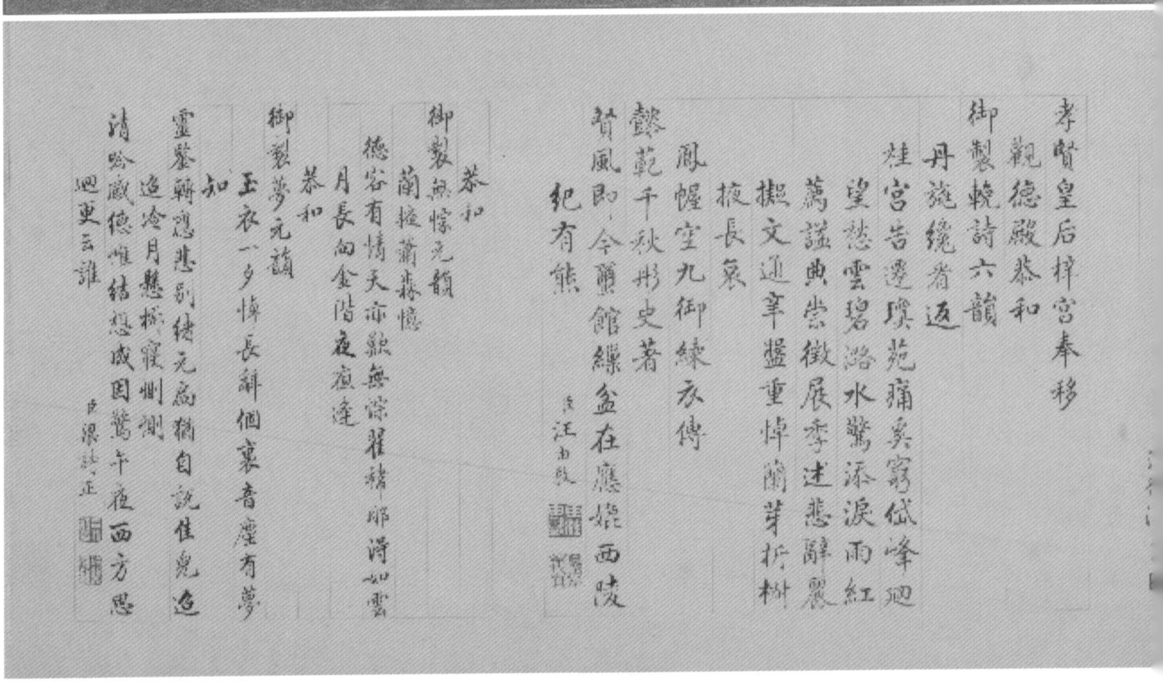
孝賢皇后梓宮奉移
觀德殿恭和
御製輓詩六韻
丹旐繞看返
臣汪由敦

要的事、人物，还有自己的情感意志都可以装进去，时间再长，也永不褪色。这也是其毕生未曾实现的愿望。也许，只有在他面对自己的爱妻与诸子之时，才能得到内心的安宁与幸福。于是在宁寿宫的修建过程中，他在书房中装饰了许多通景画，上面多有儿孙嬉戏的场面。

通景画，是一种画幅尺寸较大甚至与墙壁等同的贴落画。它是根据西洋绘画中的焦点透视法，再结合中国传统绘画技法而绘制成的绘画作品，它可以粘贴于室内墙上，随时观看欣赏。

其写实的画面和巨大的尺寸，让人倍感亲切。它使得画中情景如真实状态一样，历历在目，极具写实性。**通景画将室内的真实景物与室外景物巧妙结合，使观者产生对空间的视觉幻象，看来就如真实场景的再现。**

这是弘历最喜爱的一种室内装饰方法。而归政后，花园更是他必去的地方。仿佛只有在那个时候，他才能和几个逝去的孩子与富察氏皇后等人得以团聚。

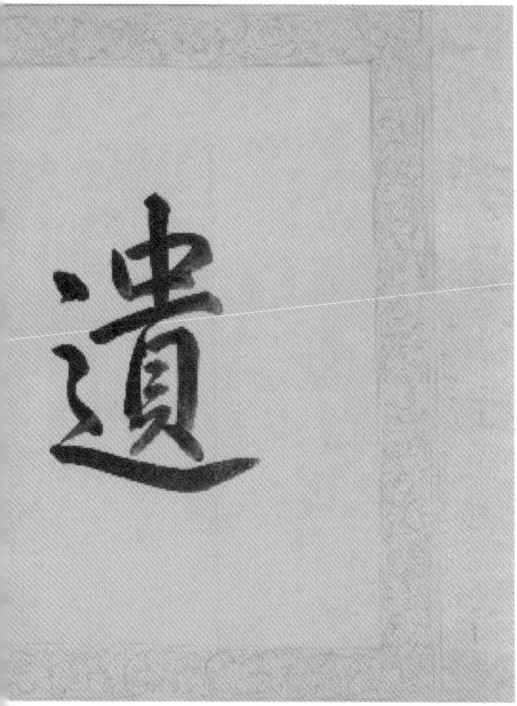

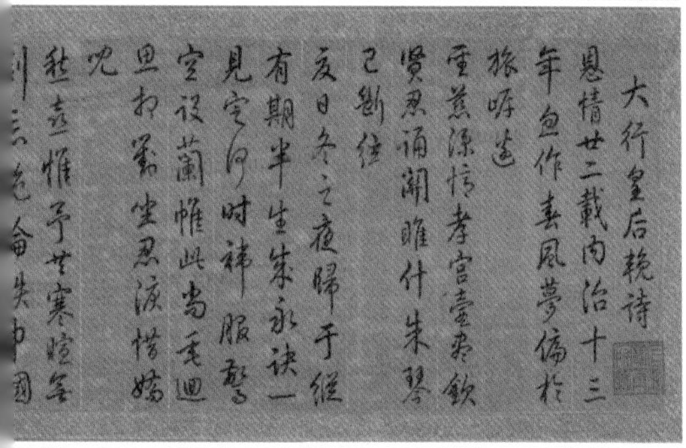

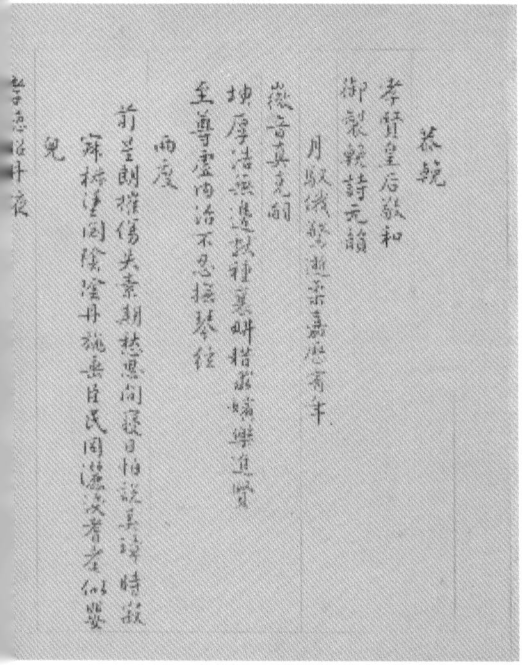

乾隆帝行书孝贤皇后挽诗卷

园林仕女图贴落

厅堂仕女图贴落

贾全画玉粹轩贴落

清人画弘历妃及颙琰孩提时像轴

打造心仪的书屋

蹉跎莫遣韶光老，人生唯有读书好。
读书、讲学和藏书，一直是中华民族的优良传统。
读书人平生最称心的事，
便是拥有一处读书、藏书和写诗作画之所。
当读书成为生活的一部分时，
书房就成了文人的安身立命之地。
弘历的书屋几达百座，冠绝古今，
分布于宫殿苑囿各处。
这些配备齐全的书房以及书库不仅可以读书、写字、著文，
而且可以进行临帖活动，
以便将研习书艺作为至乐之事。

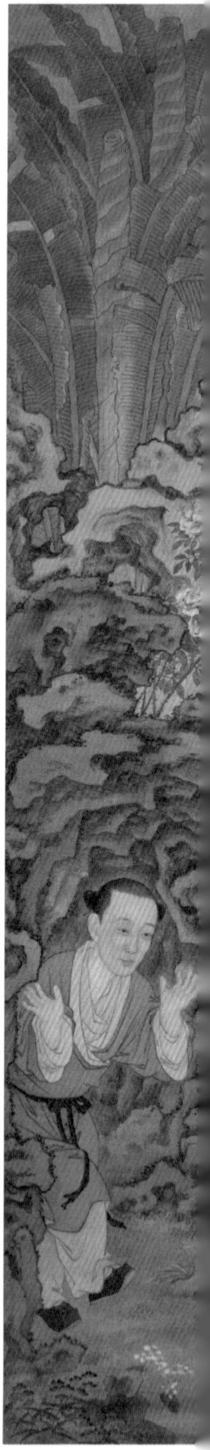

清人画弘历秋景写字轴

自古以来，读书、讲学和藏书，一直是中华民族的优良传统。浩如烟海的古籍，不仅是智慧的结晶，也是文化生命的延续。

中国人坚信，通过鉴古知来，传习文化经典，可使文脉得以传承，可使道德流布四方。**无论是仅可容膝的书房还是藏万卷书的楼阁，作为学习与思考的书房与书库，不在于它的华丽，更重要的在于它所肩负的责任与使命。**

读书人平生最称心的事，便是有一方安静、文雅的读书之地。哪怕富者筑楼，贫者一席，只要能够隔绝尘世，使人

心宁神静，表达自己内心的情趣，就会是文人思想的栖息地，更是一个可资触摸且舒卷自如的精神世界。

书房更是读书人修心养性之处。**可以说，有了书房，拥有一处读书、藏书和写诗作画之所，就有了安身立命之地**。当读书成为生活的一部分时，书房就成了文人内心世界的独白与寄居之所，达则兼济天下，穷则独善其身。弘历酷爱读书，他有《寻沿书屋有会》诗：

耽书是宿缘，此语向爱之。自幼攻芸编，岂因老废斯。

芸，是一种香草，置于书籍中可防虫。芸编代指书籍。宿缘，前身因缘。弘历从小接受了最优秀的教育，加之天资聪颖和刻苦学习，故能文能诗，贯通古今，因此对给他智慧的书籍情有独钟，喜欢整天沉浸于书本之中。他认为把时间花费在读书上，是没有办法的事，因为这是前世的因缘。

他登基后，便更有能力、有条件来设计自己的书屋。在其一生中，弘历于宫内外建造的书屋几达百座，冠绝古今，分布于紫禁城、北海、中海、南海、三山五园、静寄山庄、承德避暑山庄等地。在弘历众多的书屋中，有些书屋是对旧日书屋的复制。

这些书屋对他的人生产生了巨大的影响。例如设立在圆明园桃花坞的**乐善堂书屋**可能是他最早的书屋。在此，青少年的弘历将大舜“乐取于人以为善”作为他终身追求的目标。

弘历在紫禁城内外设置了大量的书房以及书库。这些配备齐全的书屋，不仅可以读书、写字、著文，而且可以进行临帖活动，以便将研习书艺作为至乐之事。

清人画弘历圆形古装行乐图轴

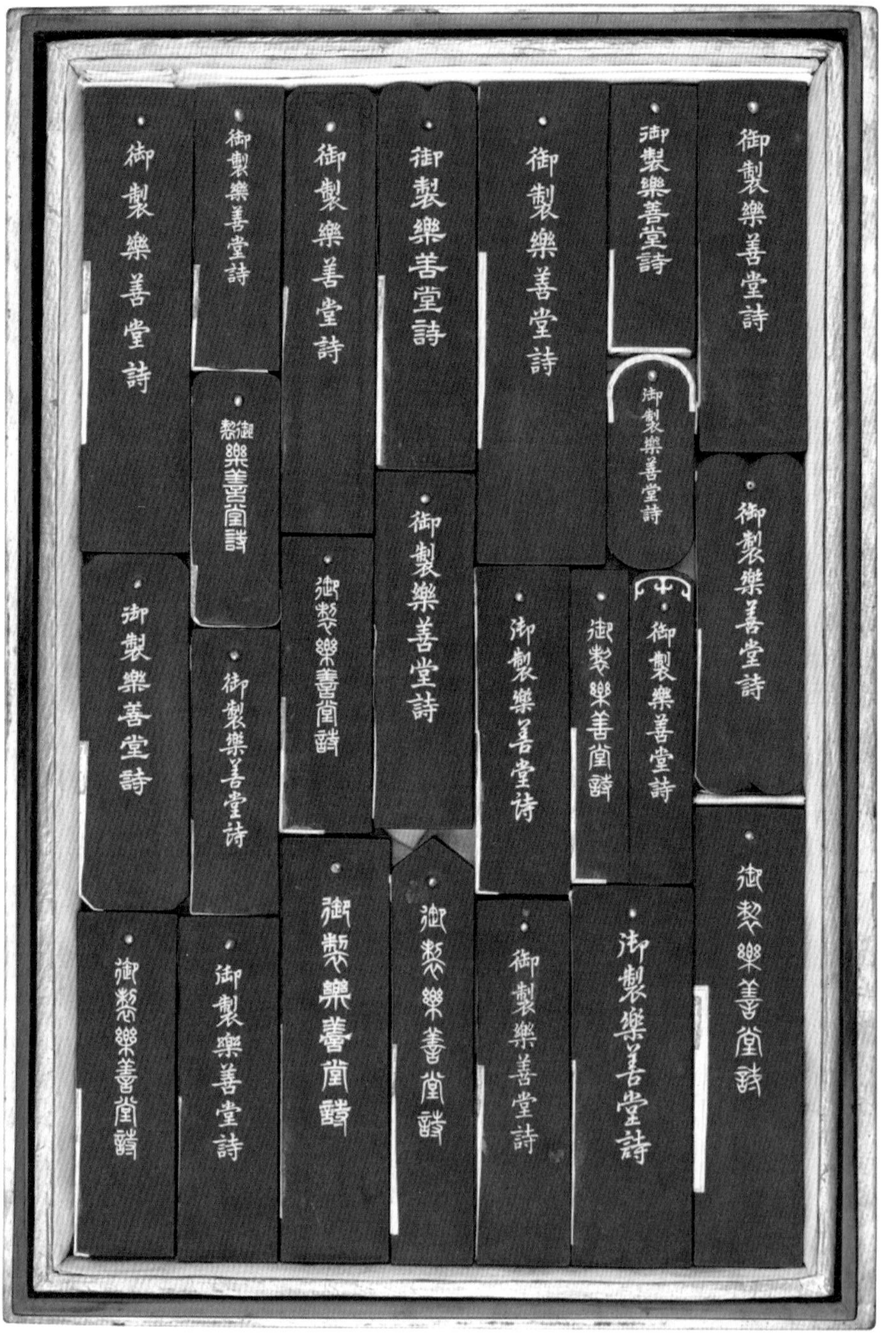
御製樂善堂詩
御製樂善堂詩
御製樂善堂詩
御製樂善堂詩
御製樂善堂詩
御製樂善堂詩
御製樂善堂詩
御製樂善堂詩
御製樂善堂詩
御製樂善堂詩
御製樂善堂詩
御製樂善堂詩
御製樂善堂詩
御製樂善堂詩
御製樂善堂詩
御製樂善堂詩
御製樂善堂詩
御製樂善堂詩
御製樂善堂詩
御製樂善堂詩
御製樂善堂詩
御製樂善堂詩
御製樂善堂詩
御製樂善堂詩

习书法者须天天临帖。而在临帖时须将全身之力通过腰、肩、臂、手的协调之力聚于笔端。人在书写时精神集中，心无杂念，高度放松，凝神入静，精神的愉悦是每个习书法者最大的享受。

临帖时要对帖上的每一个字进行分析；创作书法作品时则要对章法布局进行恰当安排，还要对墨的浓淡，运笔的节奏，落款及钤印的位置进行周密的思考，而这一切都会促进脑细胞的新陈代谢。在长期临习古人字帖和与古圣先贤的对话中，人们会被先贤们的精美书艺和崇高人格折服，从而提升自己的境界，陶冶出完美的人格。

自顺治朝开始，清代的帝王无不重视书法。

康熙曾说**“无一日不写字，无一日不读书”**。他自幼好学工书，尤好董其昌书法，风格清丽洒脱，颇有帖学的风范。雍正则取法赵孟頫和董其昌，行笔疾徐有致，畅朗娴熟，文雅遒劲。而弘历更是不在他之下。弘历自幼生活在宫廷品书论画的环境中，可谓是耳濡目染。即便登基之后，在闲暇之时，他仍以翰墨自娱，通过临习古帖、书法创作与书法赏鉴颐养性情。对书法艺术的熟识与掌握，是弘历鉴赏古代书法作品的必要基础。在臣子的眼中，乾隆帝是个勤奋的皇帝。正如梁诗正等人在《快雪时晴帖》跋语中谈道：

我皇上好古敏求，万幾之暇，精研八法，是帖心摹手追，不下数十百本。

写字全在握笔，握欲紧，掌要虚，运腕肘，都有法度。故而需要先学执笔，入门先摹端点画透露之帖，方有规矩可寻。

先临唐宋帖，后临晋帖。先学大字，次学中书，次学小楷。先楷书，

天章云汉墨

次八分，次行书，次草书，不可凌乱，从来没有楷法写不好而能写好草书者。

弘历在青少年时代便刻苦学习书法，并且基本按照上面的这套流程。其学书过程可概括为基础阶段、大楷阶段、小楷阶段和再回归大楷阶段。

例如弘历初学楷书的三种范本有赵孟頫的《汉番君庙碑》，此帖带有行书笔意，学起来比较难。而顺治、康熙、雍正都曾反复临摹的《千字文》是比较经典的书法启蒙字帖。另外还有颜真卿的《多宝塔碑》，也可以帮助弘历规范笔画和字形。

但是他临写《千字文》《多宝塔碑》的效果并不好。除了临帖，弘历还经常仿写其祖父的书作。康熙所书《华山碑》即是弘历经常临写的对象。在学习小楷时，弘历选择的范本是宋高宗的小楷《毛诗·唐风》。由于原作技法比较复杂，所以学习效果不理想，弘历遂转而学习王羲之的《乐毅论》。到了重新学习大楷时，他选的是以唐任瑗《瑞麦赋》片段为范本。

清代皇室教育比较严苛，弘历也很勤奋。他曾在十三年中每天坚持练习，除节假日外很少间断，留下了大量的习作。不过他的毛病就是急躁，曾多次因为急于求成而被老师批评。

另外，弘历临帖习字的功夫终未下足，导致他的书法的基础并不牢固。特别是其父雍正帝的突然去世，导致其书法学习生涯也突然结束。当了皇帝后，自然也没人敢批评他了，加上要处理政务，自然也没有时间去专心练字，最终导致弘历书法水平一直停滞不前。即便如此，我们仍可以看出弘历的书法保持了清峻飘逸、含蓄蕴藉的风格，一如他推崇的王羲之。

他倚靠广袤的大清江山，以内府丰厚的皇家收藏为基础，将大量珍稀的古代书画作品重加装潢，配以囊盒，题签考释，著录成册。他继承了中国书画鉴赏中临碑摹帖的传统，把书法鉴赏作为个人生活的一部分，**既“藏”又“赏”，通过“翰墨自娱”将自身融入中国传统的士大夫生活中**。特别是在下江南召见南明遗士的时候，弘历不仅是以皇帝的身份，也是以文化继承人的面孔，与那些捍卫“汉官威仪”的遗老遗少品书论画，也试图通过这种方式，感化士人学者，倡导文治。

弘历和同时代的收藏家一样，对晋唐名迹十分推崇。他不仅平日勤于临帖，饱览皇家珍藏，而且热衷于考释书法的年代、作者与真伪。加上周围还有为数众多的精于书画的臣工，其对晋唐书法风格也别有一番认识。弘历青睐的书画，都会钤盖本人印章或题跋，如王羲之的《快雪时晴帖》、王献之的《中秋帖》、王迅的《伯远帖》最能代表他对钤印题跋的沉迷。

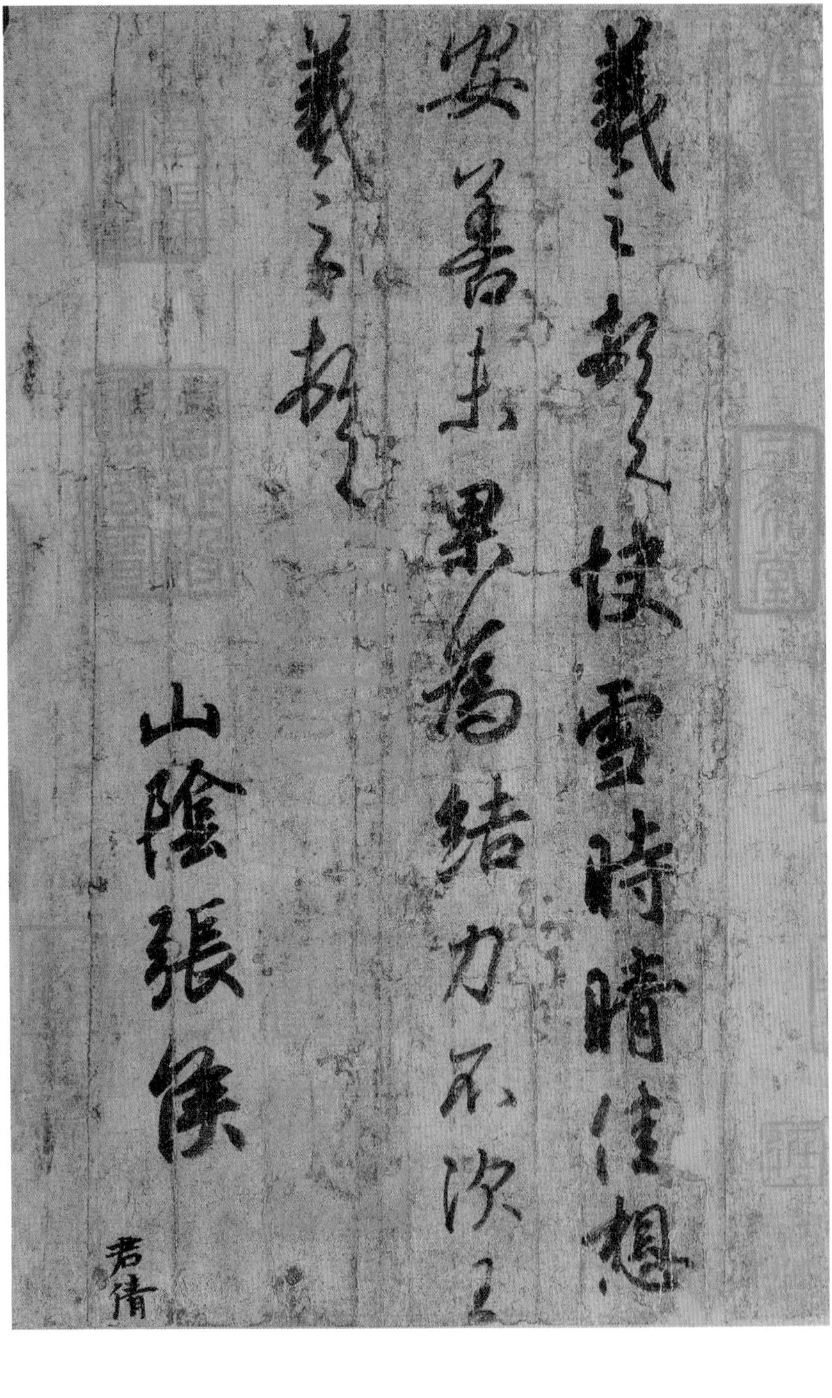

王羲之《快雪时晴贴》〔中国台北故宫博物院藏〕

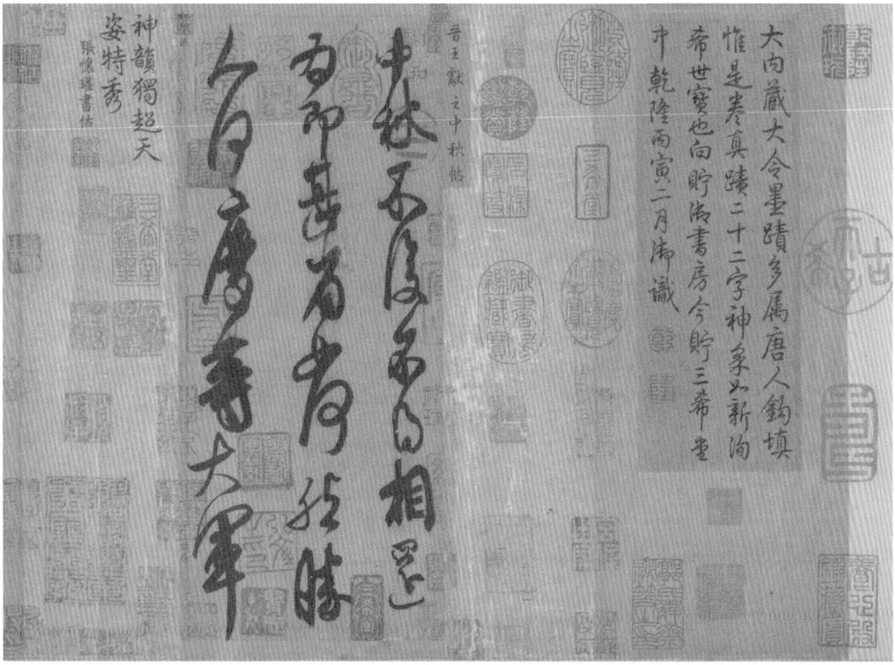

王献之《中秋帖》

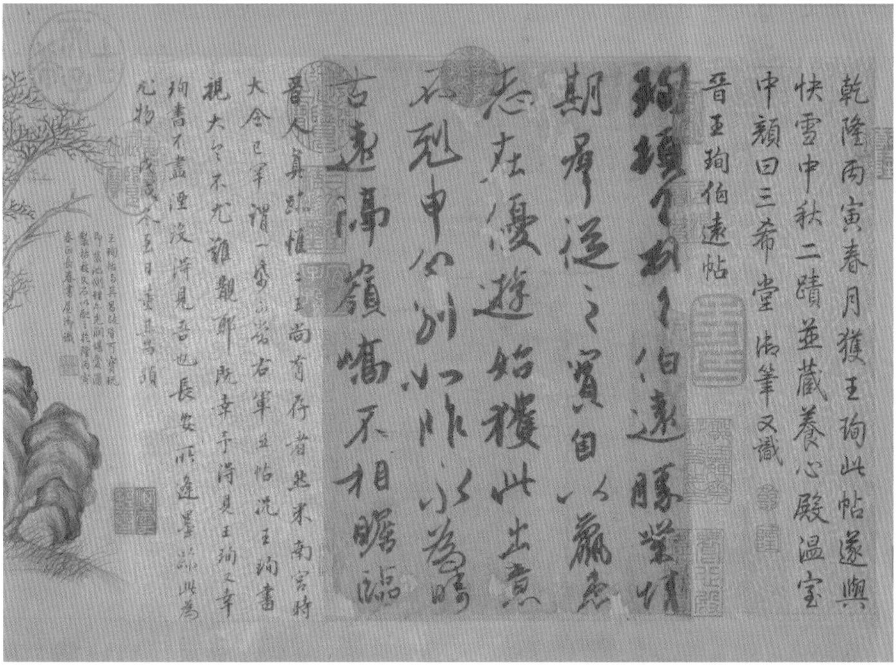

王珣《伯远帖》

第四章

书房宝贝

除却文房中必备笔墨纸砚外，**君子佩玉，文人博古，铜炉取玉之温润，谦谦和悦；常置案头，焚香一炷，秉烛夜读，红袖添香，实乃文房清玩之雅器。**附庸者以物衬人，陶情者玩物见心。君子所伴之物，绝不仅仅只为满足悦目之欢，更在于**对心性品格的滋养**。这些案头摆设，只要能够营造出一种浓郁的文化氛围，经由闲心雅意，在案头上巧呈妙用，便能为生活添彩，进而彰显主人的情趣。

太上皇宫作为乾隆盛世的宫殿建筑，殿内陈设包罗万象，既有书画、器物类又有织品类陈设，其材质、工艺水平堪称空前绝后。从兴工之日起，室内陈设物就开始制作，至乾隆六十年，一直没有中断过，其数量巨大。时又正值乾隆盛世，内有内务府总理造办处、如意馆、咸福宫作坊，外有两淮盐政、江南织造和粤海关提供金钱、物质、工艺保障，故乾隆盛世时所生产的极精美、极华丽、极细致之陈设物几乎全部集中于太上皇宫之中，蔚为壮观。

在弘历看来，颐养天年之时，读书写字念佛是最幸福的活动。我们亦可从弘历对于建筑的命名而推及殿名款的命名。例如**淳化轩**其名以**《淳化阁帖》**石刻廊得名。他年轻时很喜欢碑帖，很早便在建福宫收藏了许多历代名家作品，取名为**《敬胜斋法帖》**。后来又在长春园淳化轩将他的收藏进行了总结，形成了《淳化轩帖》。《淳化轩记》曰：“**事起藏帖，则以帖名名之。**”。

宁寿宫改建时，弘历又仿照淳化轩之制。巡视养性殿时，他总要用上好的文具，题诗一首，表示自己对于归隐生活的向往。在这种心态指引下，乐寿堂作为淳化轩在宫内的翻版，只能逐渐变为宝物聚集地。

弘历尤好收藏名帖，曾将《敬胜斋法帖》石刻嵌于宁寿宫乐寿堂、颐和轩东西前后回廊壁。甚至还在《快雪堂记》中专门指出：**“筑堂为廊，以嵌石版，从淳化轩之例也。”**

除古代碑帖外，还有其殿内陈设的众多珍玩。不仅包括内府收藏的历代珍宝，还有大量由宫中造办处、如意馆，宫外的江南织造、两淮盐政、粤海关等制作的珍玩。

这一时期，陈设品几乎使用了各种材质如金、银、珍珠、珊瑚、翡翠、水晶、玛瑙、砗磲、珐琅、青金石、绿松石、螺钿、象牙等，制作了各种器物如杯、盘、瓶、尊、壶、鼎、炉、盆等，各种工艺日臻完善，纺织、陶瓷、玉石、金属、漆木及竹牙角玻璃等工艺无与伦比。

太上皇宫为此建有众多的多宝格以珍藏、展示珍宝，实际上成为乾隆时期的一座珍宝收藏地。这些陈设品材质优良，工艺水平高超，且与建筑内部结构布局完美结合，达到了浑然天成的境界。

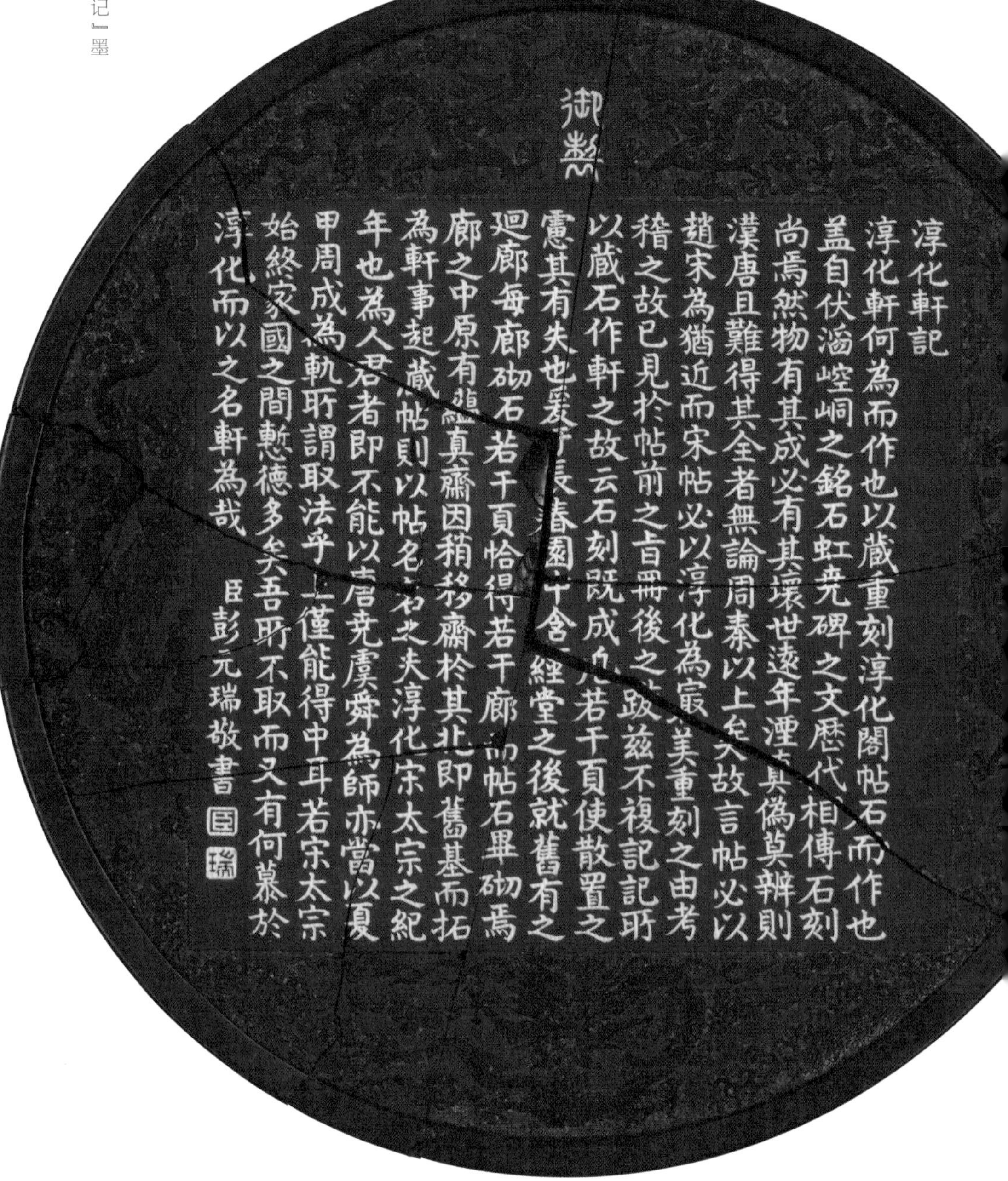
御製
淳化軒記
淳化軒何為而作也以藏重刻淳化閣帖石而作也
蓋自伏滔崆峒之銘石虹堯碑之文歷代相傳石刻
尚焉然物有其成必有其壞世遠年湮真偽莫辨則
漢唐且難得其全者無論周秦以上矣故言帖必以
趙宋為猶近而宋帖必以淳化為最美重刻之由考
稽之故已見於帖前之旨冊後之跋茲不復記記所
以藏石作軒之故云石刻既成凡若干頁使散置之
懼其有失也爰於長春園中含經堂之後就舊有之
廻廊每廊砌石若干頁恰得若干廊而帖石畢砌焉
廊之中原有蘊真齋因稍移齋於其北即舊基而拓
為軒事起藏帖則以帖名名之夫淳化宋太宗之紀
年也為人君者即不能以唐堯虞舜為師亦當以夏
甲周成為軌所謂取法乎上僅能得中耳若宋太宗
始終家國之間慙德多矣吾所不取而又有何慕於
淳化而以之名軒為哉
臣彭元瑞敬書

乾隆款『淳化轩记』墨

御製
快雪堂記
淳化閣帖之重刊以内府向有賜畢士安之初刻而世
鮮原本用以永其壽而公後来臨池習書者也爾時並
有以見快雪堂原刻為請者置而弗許蓋以淳化所收
頗富其内不過缺一快雪帖耳餘則倍蓰勝之至彼墨
蹟則早收入石渠且刻之三希堂法帖矣一之為甚其
可再乎乃今楊景素以快雪石刻来獻且云快雪石刻
本故臣馮銓所集其子孫不能守歸於閩之黃氏茲黃
氏復不能守臣曾督閩知其事故貰之以獻欲御之則
事已成且舉闌翰墨非貢諛逢惡之為因學之並築堂
為廊以嵌石版從淳化軒之例也石版長短寬窄不一
且有木刻三版因命内府摹淳化之善手重橅其蹟而
泐之石俾長短寬窄較若畫一其木版仍置堂中以紀
數典刱觀兩廊秩如彬如弗啻黃氏所未營而亦馮氏
所未逮矣夫快雪堂之建因石刻非因雪然循名責實
三冬未逢時玉蒿目焦心又何有于悦目娱志而閲古
則增滄桑之歎問今益凜好惡之戒凡吾所為記多出
於誌愧而不出於誌喜也
臣彭元瑞敬書
臣
瑞

乾隆款『快雪堂记』墨

宁寿宫殿堂陈设墨

读书之乐乐无穷，瑶琴一曲来薰（熏）风。
玩墨赏碑，历来被视为文人雅事。
弘历把书法鉴赏作为个人生活的一部分，
将自身融入中国传统的士大夫生活，
彰显了自己的生活情趣。

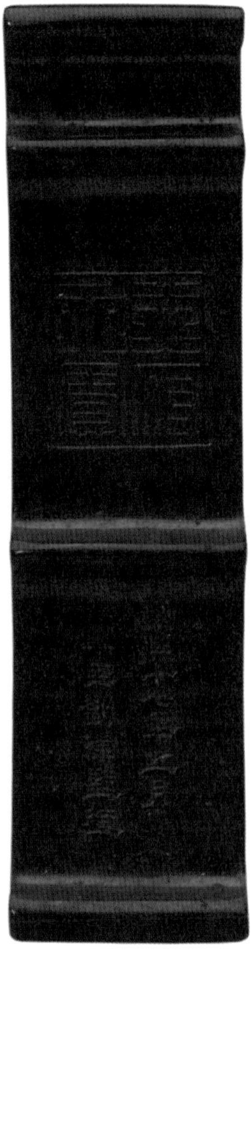

康熙刘源贡玉燧墨上的『天府永宝』印

玩墨赏碑，历来被视为文人雅事。

弘历常用文具陈设来填充室内空间，特别是一些以观赏、陈设为主要目的的集锦墨，也被清代帝王们视为可以独立赏玩的精美宝物。此举不仅解决了文房用品的储藏问题，而且可以借此展示其志趣雅好。

乾隆年制乐寿堂珍藏的『天府永宝』墨床式墨

他规定，在宁寿宫中几个重要殿堂的现场一定要有相应的陈设用御墨。署有殿名款的乾隆御墨，是了解弘历心境，把握其对文人理想生活向往的最好途径。

作为宝物的珍藏地，这些必备的陈设，皆有专人制作承办。如康熙年间的刘源贡墨被弘历视为御墨珍品。而某些墨品上的**“天府永宝”**印，恰恰表明了这些墨品的陈设目的。

正如《李廷珪古墨歌》中提到的：

檀匣锦囊重弆藏，龙宾那忍淬妃试。

龙宾，守墨之神。淬妃，传说中的砚神。在此诗中，弘历明确指出，这些珍墨，他是不舍得使用的，因而要好好保存起来。

弘历在利用太上皇宫收集宝物的同时，表达着自己对先人、先贤、先圣的顶礼膜拜。更重要的是，他的志向不仅是想超越祖、父，更是打算直追三代，做中国历史上最好的皇帝，即《淳化轩记》所述：

为人君者，即不能以唐尧、虞舜为师，亦当以夏甲、周成为轨。

部分文房之器还具有一定的政治含义。例如早在康熙时代便开始制作的松花石砚，除了皇室本身自用外，还用来赏赐。康、雍、乾三代帝王对于儒家文化的热爱，有着表达认同中原传统文化，消弭满汉矛盾的政治意图。

在此基础上，**文具也构成了君臣交谊活动的主要载体**。君臣们在文具上题诗，帝王频繁赏赐臣下御制文具，以及封疆大吏向君主进献文具的行为，不仅密切了君臣关系，而且颇具人文情趣，即《墨云室记》中所述：

命诸臣各以己意和之，不必拘体赓韵，亦“西清”一段佳话。

1. 墨云室墨

自康熙年间以来，国家的强盛与帝王的爱好，使得清宫御墨的样式愈加丰富。这些**御墨作为独立赏玩的精美工艺品，既可以抒发情感，陶冶性灵，又可以修身养性**，例如现藏于中国台北故宫博物院的“翰林风月”墨，就是在乾隆五十六年（1791）春由湖广总督毕沅进献的。据称此墨由历史上知名墨工李廷珪所制，为宋代僧人法一所珍藏。

毕沅进『翰林风月』墨及其包装

李廷珪作为中国制墨史上备受推崇的人，其墨一直是后世所珍视且难能见及的。为此，弘历在养性殿西暖阁专辟一室珍存此墨，并命名为“墨云室”。然而考察诸文献与传世、考古出土同类墨品，皆无有可供对比者。弘历在《墨云室记》和《李廷珪古墨歌》中也未明确。即便如此，弘历仍注重其存在的政治意义。

“墨云”的命名与其“构筑养性殿于宁寿宫，以为倦勤后寝兴之所”的目的一致。

按《墨云室记》文意，**“墨云”的意思是“墨生笔花，发为文”，此状与“春膏之泽被万物”无异**。既然养性殿“一如养心殿之式”，但三希堂名不能移至养性殿。那么，以“墨云”二字仿养心殿三希堂之命名，取希贤、希圣、希天，体现的是内圣外王，以仁为根本，那么在宁寿宫读书则属**“含英咀华之游艺”**，细细地研磨、玩味，更适合养性。

李廷珪本姓奚，易县（今属河北）人。由于唐末北方战乱，其家不得不南迁至歙州（即日后徽州，今安徽黄山、宣城，江西上饶等地）。他以当地的古松为原料，改进了捣松、和胶等技术，发明了史称**“易水法”的制墨新法**，进而成为后世徽墨制作技术的基本准则。其所制佳墨深得南唐后主李煜赏识，被授以墨务官，并赐国姓“李”。

南唐亡后，李氏墨尽入禁中。由于人为制造的物以稀为贵，李墨身价大涨。到宋徽宗宣和年间便出现“**黄金易得，李墨难求**”的奇缺现象，而此时距李廷珪离世不过百年。元明清时期，李墨更是成为稀世珍宝。在弘历看来，这一切都是昏君当道，以致李墨隐匿民间的结果。

通过对墨云室墨的庋藏，弘历表达了自己**愿意亲近文士，顺从天意，赐福以民的主张**。此锭李廷珪墨无论真伪，在弘历眼中，都是隐士的象征。

三希堂内景

据说在品味墨体上浓云状的纹饰时，他感到其有“**遍体浓云酿雨意**”。事也凑巧，在他得到此墨的同时，京畿地区真的喜降春雨，接着又陆续收到山东、山西、陕西、河南和江南等地普降喜雨的奏报，于是弘历异常高兴。他认为此墨有灵，能够得到它是吉祥之兆，不禁以“**今春甘泽利农功，回氏有灵佑佳瑞**”的诗句赞颂此事，并且要求苏州织造按照手卷样式将其所作《墨云室记》及《李廷珪古墨歌》进行装裱：

“要绛丝金龙包首，配袱别，做匣。”

回氏，墨的代称。他试图借助此墨，在书斋中学习圣贤经典并修身养性，暂时休养疲劳的身心，以便更好地勤于政事，实现其经世济民的政治抱负。

他还感叹：

炎刘韦诞徒传名，魏丸晋螺谁则识？

帝王们如果不能遵循天理，克己奉公，那么即便当时的一代英豪，无论有过多么大的功绩，帝国的辉煌与荣耀终将会一切归零。

为了避免刘汉、曹魏等历代王朝兴亡更替的轮回，他在强调以史为鉴的基础上，提出了赐民以福的主张。他曾不断强调：**帝国的千秋霸业需要帝王身体力行，身居庙堂而心系百姓，“始予一人，寿同黔黎”。只有做到“宵衣旰食”与“视民如伤”，勤勉治国，才能得到上天以及列祖列宗的眷顾。**

于是他在《墨云室记》中提到：

夫云能致雨，墨生笔花，发为文，其与春膏之泽被万物，何以异哉？

春膏，即春雨。泽被万物，出自老子《道德经》：

上善若水，水善利万物而不争，处众人之所恶，故几于道。

指世间最高境界的善行就像水的品性一样，惠及万物而不争名利。

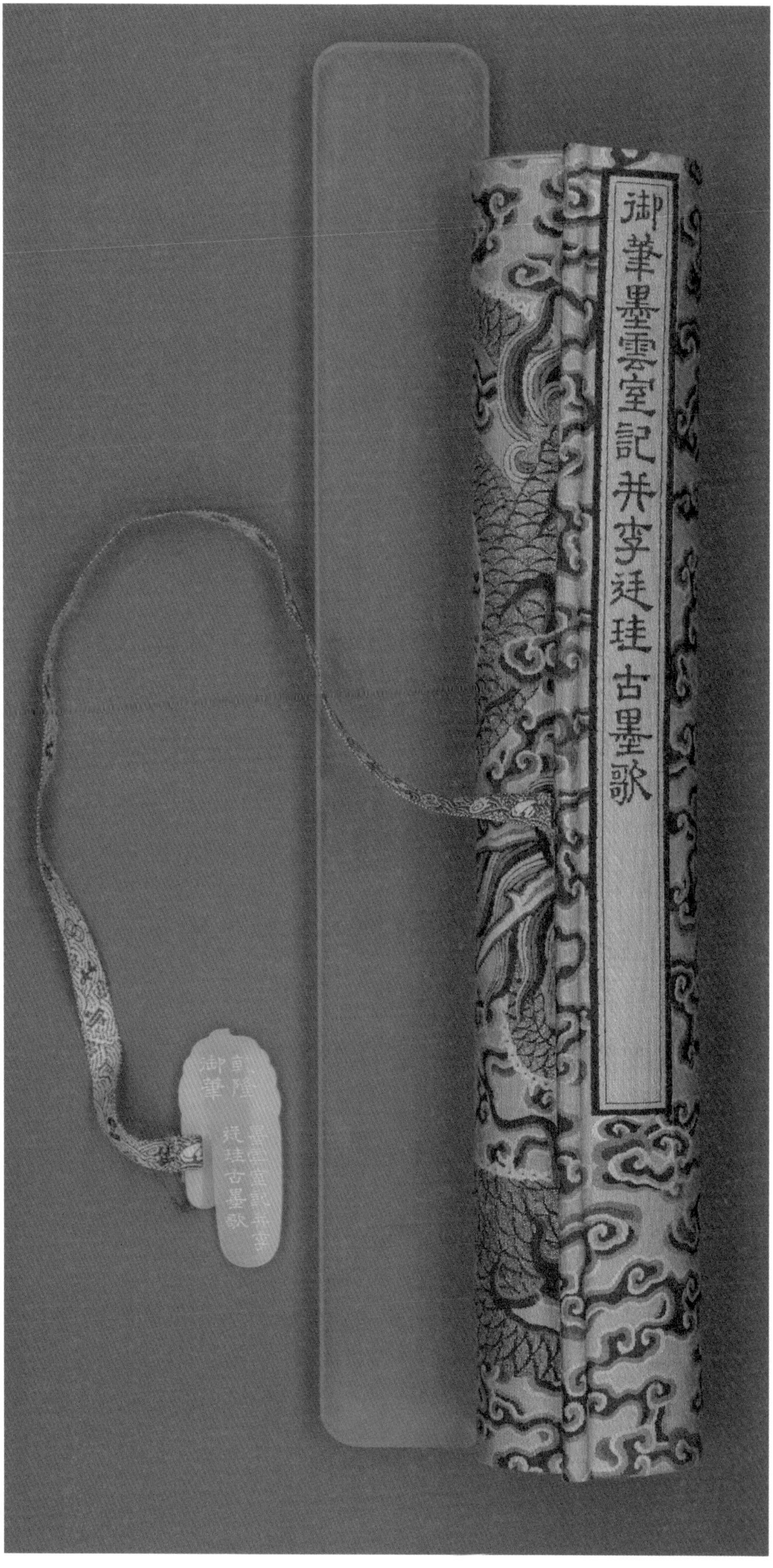

缂丝金龙『御笔墨云室记并李廷珪古墨歌』包首

徃貽來滋六藝之芳潤視
其珎他玩者爲有間矣墨
之形之膚之數之貫晁氏
言之詳矣茲弗贅獨其體
刻爲雲而晁則未言及之
夫雲能致雨墨生筆花豐
爲文其與春膏之澤被萬
物何以異哉予構築養性
殿於寧壽宮以爲倦勤後
寢興之所其義已見向年
之什而其淸溫室宇一如
養心殿之式養心殿西暖
閣之溫室昔名之曰三希
堂來可移之於養性殿而
名之也茲適得此古墨即
可以墨雲名此室蓋三希
爲內聖外王之依仁正符
養心墨雲爲含英咀華之
游藝適合養性爰紀其實
如右並爲之圖命諸臣各
以己意和之不必拘體賡
韻亦西淸一段佳話也

李廷珪古墨歌

墨玉一方長尺計玉堅自
是墨爲脆具玉之堅墨之
良希珎覯此廷珪製五代
至今近千年法一所藏晁
氏記

李廷珪墨一笏長盈尺博二寸
厚十分寸之二面正中鐫有
唐廷珪墨寶宗傳法一珎藏十二字下
鐫淺語云晁具茨贈法一詩論其形有
曰上人廣交得壽物有墨尺度如圭長
論其膚有曰百年相傳文縱橫彷彿尚
見蛟龍背論其款有曰小書細字識名
姓黃金照耀成固龍論其價有曰老儒
何得寶天章千金更買名由逢詩載晁
集八十七字按宋晁冲之字叔用號知

黃金可得墨難得剡復于今七百年研潔
泉清留妙訣紗囊羅帕伴高禪藏宜
册府雲生牖用心
宸章氣嫓天澤物昌文愼所好
義涵一室微中邊
臣彭元瑞敬題

墨官精製佐禪悅具茨山人識什襲紋作
革雜黝黰漆珪郜那辨玉與邑風塵一旦
邀拂拭金壺不磨亦愛惜
天題珎弆
墨雲室雲湧豪端沛春澤陋彼批風更抹月
絜矩愼思寓小物活雲
養性壽驪栗
臣董誥敬題

紋如犀質如玉南唐墨官奚氏獨澄心珎製合
貞姿松煤一笏敬獻
天子供臨池綠雲浮紫光滋濡灑春郊霖雨布
秘殿渾渾漱六希三載賡喜題以雅以南
藝餘游藝齋作聖篠眞于內萬物正龍香雲氣長迴
旋我
皇養性壽萬年
臣畢沅敬題

神守回氏法傳易水回珪承趙先奚淺李
玉質併珎犀文辨理烟劑龍香膏凝麟髓
萬杵曾經千年不毀詩詳具茨藏自閒士
蘊古昭德中有妙旨雲耶墨耶釀雨
志喜
臣金士松敬題

圭方歙州製古尺度晁氏詩傳佳勝印香
一笏奇稱浸水三年蔦囊廚匣邈矣玉質
犀紋儼然
綈几墨雲淵起
契懷澤被農田
臣沈初敬題

千載廷珪墨題傳法一珍松心凝似漆賓
氣蕴龍賓　黑玉叨
宸賞形全磨未曾獨留圭角在不與世模稜
昔日曾車載於今襲錦囊聞然常守黑澤
古靜生香
臣王杰敬題

一點漆百年石製廷珪價城壁贈者儒賓
之釋犀一角龍雙脊鐵喻操玉符德品如
素守其黑雲膺寸澤下尺吐紫光絢副墨
臣吳省蘭敬題

黑雲盈尺結松烟紋隱蛟龍古玉堅閒說
和膠真不泐豹囊深護一千年
天章更使秘珍傳彩筆花生墨雨鮮
覩物因之思絜矩
宸衷何事不乾乾
臣阮元敬題

奚李品分甲乙圭郜名著異同一笏拜經
潘谷當時已詡難逢法一寶藏弆匣具
茨珎重題詩古墨千年是保
大雲萬物咸宜
臣趙秉沖敬題

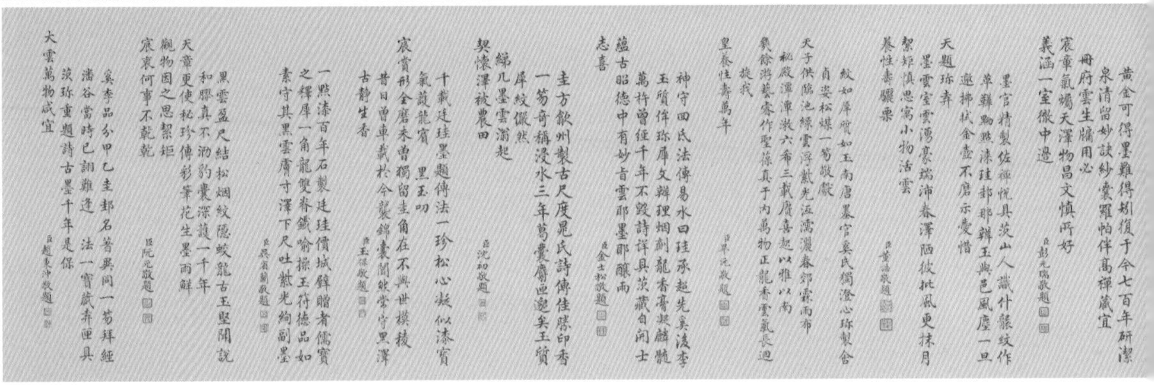

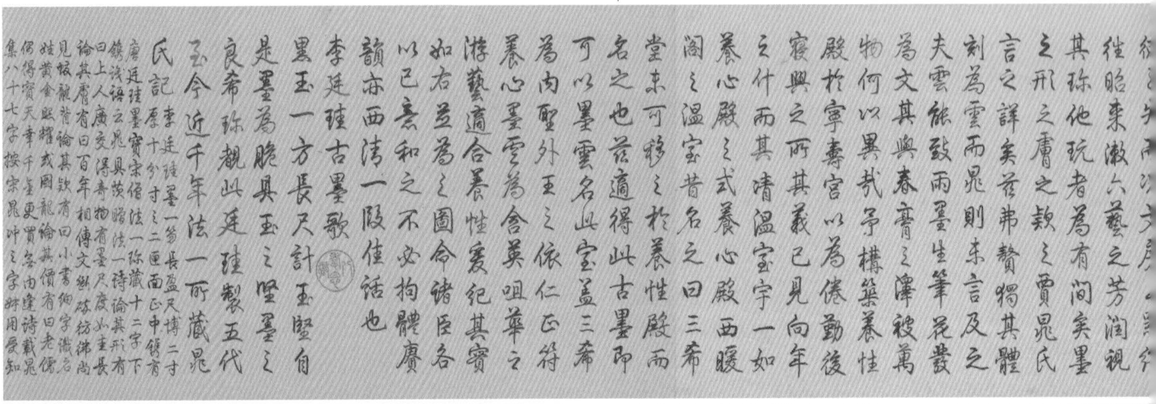

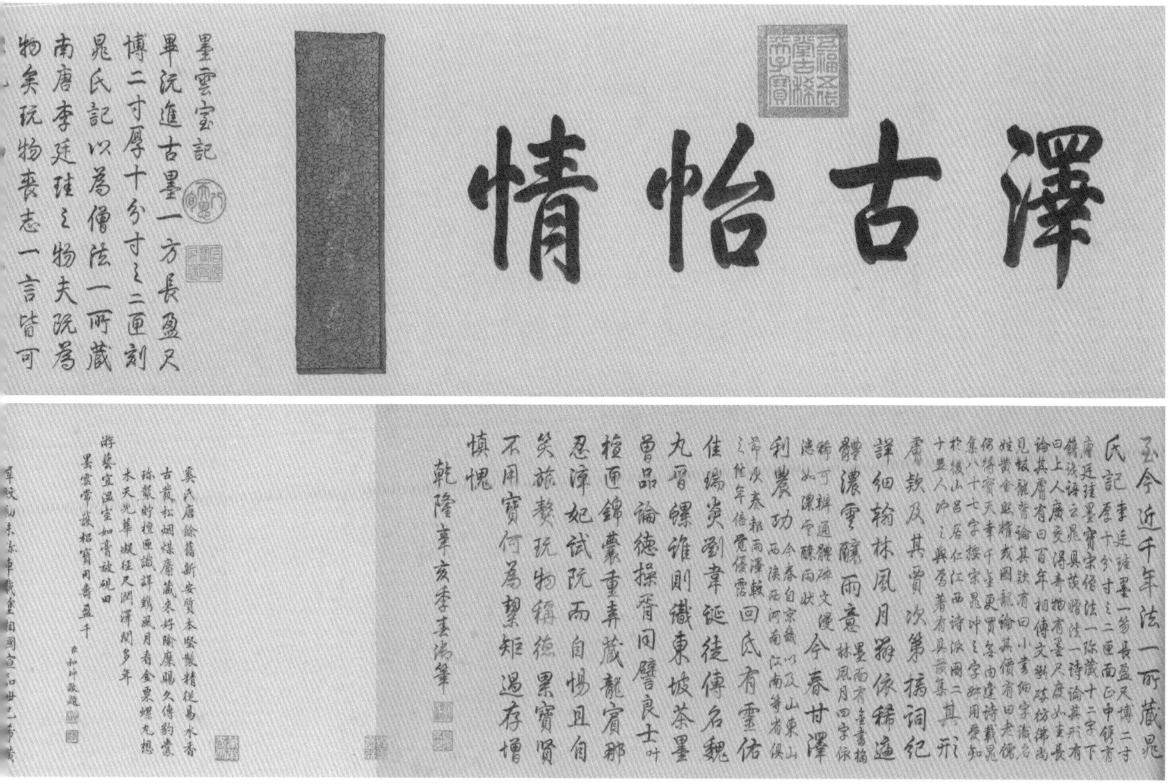

弘历行书《墨云室记》并《李廷珪古墨歌》卷

在《御制李廷珪古墨歌》中，弘历极力凸显自己唯才是举的贤君形象：

东坡茶墨曾品论，德操胥同譬良士。

良士，指贤士，有才能的人。在诗中，他提到了“茶墨俱香”的典故，认为茶与墨都是人才。《高斋漫录》载司马光与苏轼论茶墨俱香云：

“茶与墨二者正相反，茶欲白墨欲黑，茶欲重墨欲轻，茶欲新墨欲陈。”苏曰：“奇茶妙墨俱香，是其德同也，皆坚，是其操同也。譬如贤人君子，黔皙美恶之不同，其德操一也。”

在弘历心中，李廷珪墨就像是一位隐者，即《论语·泰伯》中所提到的：

天下有道则无，无道则隐。

御制墨云室记墨（左） 御制李廷珪古墨歌墨（右）

御製李廷珪古墨歌
黑玉一方長尺計王堅自是墨爲脆具玉之堅墨之良希珍覯此廷珪製五代至今近千年法一所藏晁氏記
其形質款及其質次第攡詞紀詳細翰林風月辨依稀遍體濃雲釀雨意今春甘澤利農功田氏有靈佐佳瑞
炎劉草誕徒傳名魏晉螺誰則識東坡茶墨曾品論德操胥同璧良士檀香錦囊重弆藏龍賓那忍淬妃試
既而自惕且自笑旅獒玩物稱德累寶賢不用寶何爲絜矩過存增慎愧
臣朱珪敬書
御製墨雲室記
果沅進古墨一方長盈尺博二寸厚十分寸之二匣刻晁氏記以爲僧法一所藏南唐李廷珪之物夫既爲物矣玩物喪志一言可以概之而
有不然者蓋古之物樸於今之物華於古尚樸屏華孰謂蹈喪厥德之失而況文房之器繼往開來藝之芳潤視其珍他玩者爲有間矣
墨之形之質之款之質晁氏言之詳矣茲弗贅獨其體刻爲雲而晁則未言及之夫甚能致雨墨之生花發爲文其與春膏之澤被萬物何以異
哉予構墨雲室於寧壽宮以爲倦勤後寢興之所其義已見向年之什而其清溫室宇一如養心殿之式養心殿西暖閣之溫室昔名之曰三
希堂未可移之於養性殿而名之也茲適得此古墨即可以墨雲名此室蓋三希爲內聖外王之依仁正符養心墨雲爲含英咀華之游藝適合
養性殿紀其實如右並爲之圖命諸臣各以己意和之不必拘體裁韻亦西清一段佳話也
臣朱珪敬書

如果天下政治清明就出山，靠自己的才华来辅佐明君，以实现自己和君王的理想抱负。如果君王昏聩，就隐于民间，碌碌无为，作一个凡人。从这个角度看，古墨在室名上的使用更能传达出弘历知人善任、追求完美的治国之德：

宝贤不用宝何为，絜矩过存增慎愧。

他意识到，藏砚藏墨与鉴赏书画一样，是人们闲情逸致的体现。它可以用来抒发感情，陶冶性灵，更可以修身养性。然而收藏属于个人行为，沉溺于此，便会有玩物丧志的可能，因而提出了“**惜沦弃，悟用人，慎好恶，戒玩物**”的观点。

在《墨云室记》与《李廷珪古墨歌》中，弘历多处使用典故，通过感情的抒发，把自己内心深处的追求与居安思危联系在一起：

夫既为物矣，玩物丧志，一言皆可以概之。

因而他在文中指出殷鉴不远，警醒自己莫要玩物丧志，不敢有丝毫的倦怠。

在《李廷珪古墨歌》中又怀疑自己是不是警醒过度，进而感叹：

既而自惕且自笑，旅獒玩物称德累。

不过他也提到这种说法也不尽然：**古物质朴，今物华丽，尚朴屏华，怎么能说是没有德呢？**况且墨为文房之器，继往开来，漱六艺之芳润，其他珍玩是不能与之同日而语的。无论怎样，弘历通过典故，把自己内心深处的追求与居安思危联系在一起，进而为其承天理、治国家提供了坚实的思想基础。

虽然目前尚无证据说明收藏于中国台北故宫博物院的墨云室墨为李廷珪原作，亦无法证明其是十八世纪清宫御墨制作的试验品，但是无论是外部形制还是内部烟料选择，都代表着当时制墨业的最高水平。

此墨从另外一个方面反映了古与今、新与旧的双重意象，是对传统制墨技艺的概括与发挥。今日以常情推之，未尝不是弘历对于古代先贤乃至李廷珪本人的致敬。

2. 宁寿宫集锦御墨（四十锭）

弘历在宁寿宫贮宝的过程中，命令内廷大量制造新式墨品，并鼓励臣下和民间巧匠积极参与到御墨制造工作之中。在继承传统的背景下进行新的解读与发挥，是弘历御墨的重要特点。例如宁寿宫集锦御墨（四十锭）是清代乾隆朝最有名的御墨品种之一。其墨名分别为黼黻昭文、云汉为章、寓名蕴古、仙山楼阁、山水清音、内殿轻煤、光分太乙、东林莲社、春华秋实、天保九如、归昌叶瑞、七香图、遂初堂砚式墨、凌云向日、五老游河、天府永宝、众香国、有虞十二章、兰亭高会、龙德、敬胜斋法墨、敬胜斋珍藏、赤壁、艳友、晓艳寒香、紫阁铭勋、纶阁、清香直节、地不爱宝、云行雨施万国咸宁（镜式）、云行雨施万国咸宁（玺式）、青圭、螭虎玦、杂珮、鱼珮、凤珮、来仪、夔龙玦、璜珮、蟠云。

从 1771 年宁寿宫改建工程开始到 1776 年工程基本完成时，御墨共制四批，分署“辛卯（1771）”“壬辰（1772）”“癸巳（1773）”以及“丙申（1776）”年款。

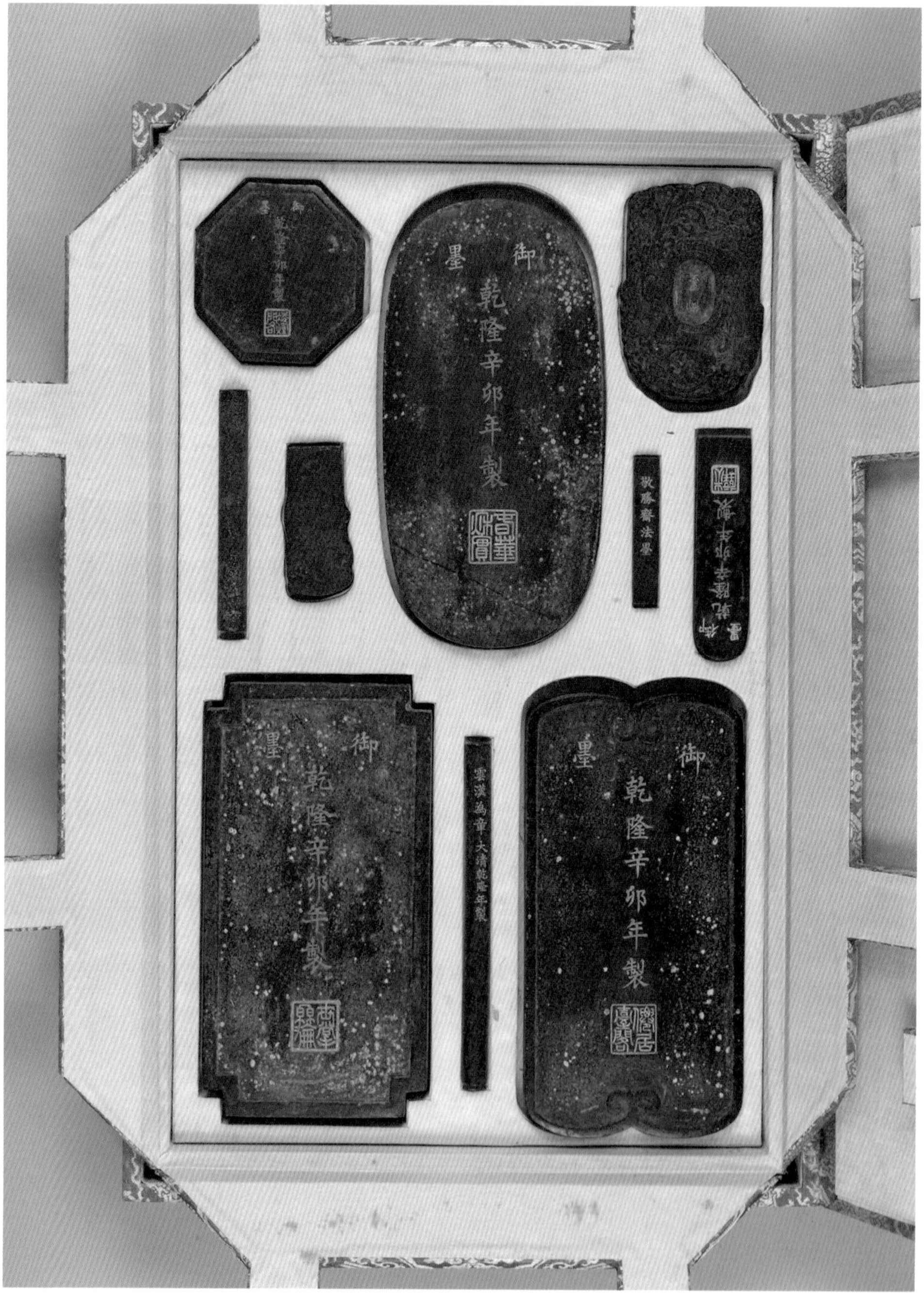

乾隆辛卯年制宁寿宫集锦套墨（四十锭）之一

乾隆辛卯年制宁寿宫集锦套墨（四十锭）之二

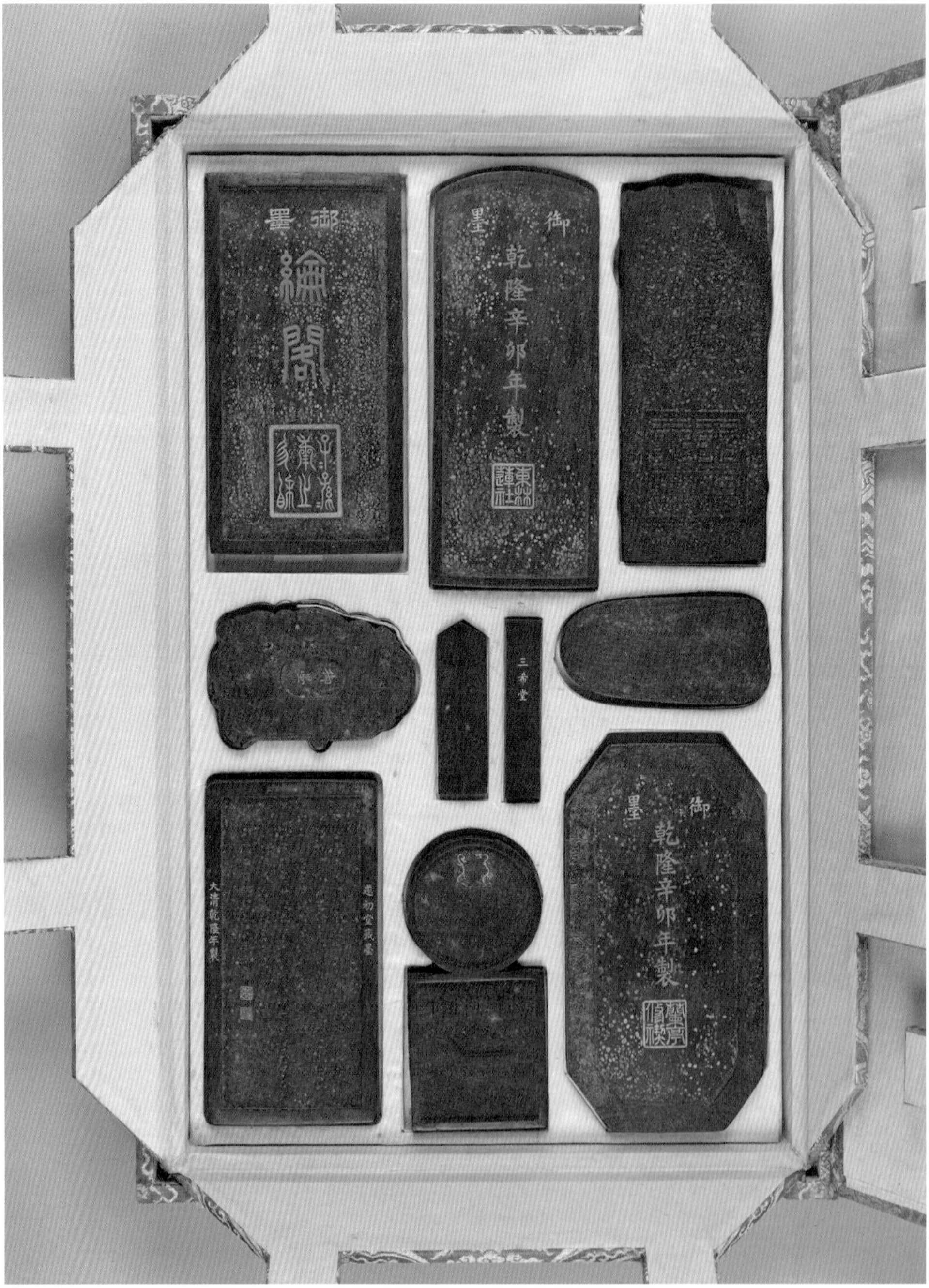

乾隆辛卯年制宁寿宫集锦套墨（四十锭）之三

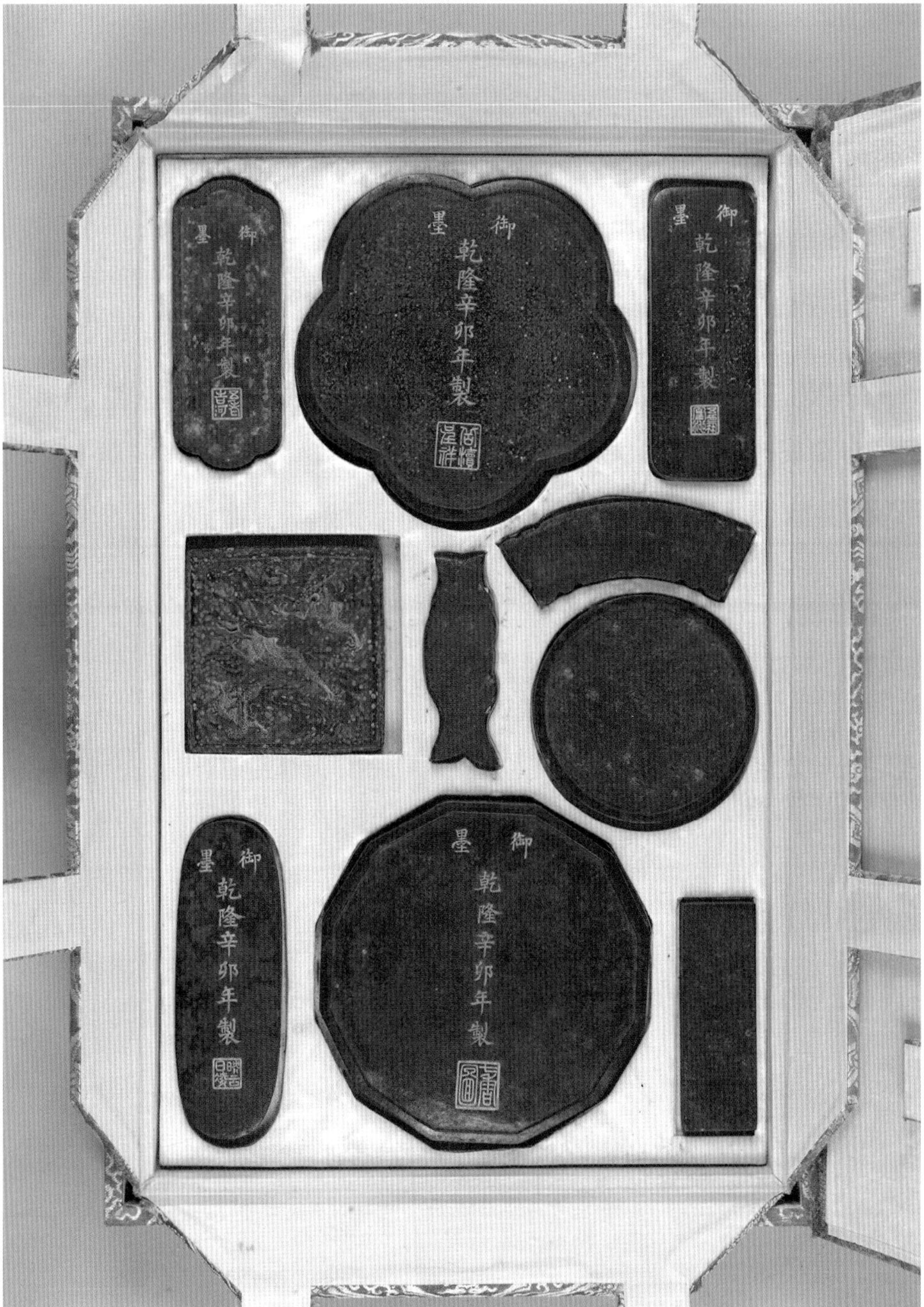

乾隆辛卯年制宁寿宫集锦套墨（四十锭）之四

此套墨质精坚细，温润莹洁。线条雕刻生动细腻，纹饰构图规整，体现着浓厚的宫廷气息。此墨作为太上皇宫的特殊陈设墨，不仅与乾隆帝依照含经堂复制宁寿宫建筑的活动相符合，而且是模仿并超越其祖康熙帝文治武功的另类表达。

值得注意的是，此类墨品多署有标识为“×× 宫珍藏”“×× 殿珍藏”“×× 轩珍藏”等关于明确收藏地点的款识。主要墨品上署有殿名款识，涉及长春园含经堂与紫禁城宁寿宫等殿宇堂轩。

殿名款，即在御墨上署有宫殿名称的款识。此种款识在民间又称为堂名款、斋名款、斋堂款等。**古代一些文人士大夫常有自己的斋堂名号，带有吉祥期冀的象征意义**。殿名款是室名款的升级。这些收藏款识与御墨主题，表达了乾隆帝祈求福寿之意愿。

以上署有殿名款的御墨出现，是为皇家建筑空间的实际用途量身定做的。它反映了长春园与宁寿宫的双重园林意象：一是**对传统制墨经验和模式的总结创新**，二是**对皇家园林殿宇堂轩命名的概括与发挥**。它们不仅适于生活起居，而且两者可以有机地融合于一体，带有极为强烈的象征主义色彩，因而可以依其所处的空间与皇帝的亲疏来判断其受重视的程度。现择要介绍御墨典型墨品如下：

（1）含经堂与养性殿藏墨

仙山楼阁墨：长方书卷式。墨名下钤“烟云舒卷”方印。侧“含经堂珍藏”款。

乾隆年制含经堂珍藏仙山楼阁墨

含经堂为长春园的主体建筑之一。在宁寿宫修建之前，在北京西郊的长春园中，有一座与宁寿宫几乎一模一样的宫殿群——**含经堂**。

在建筑风格上，含经堂与宁寿宫可以说是孪生姊妹的关系。“含经”，指心怀常道，体察哲理，出自南朝梁任昉《〈王文宪集〉序》中“含经味道”。此处收藏“六经”等儒家经典。弘历在《春日含经堂》诗中认为“**古往今来用不穷**”，须时常奉读。

值得注意的是，此套墨中带有殿名款的墨品，间接反映了含经堂与宁寿宫之间的密切关系。

龙德墨：长方形。墨名下钤“天府永宝”方印。侧有“养性殿珍藏”款。龙德，即圣人之德，天子之德，出自《周易·乾卦》。

养性殿为宁寿宫后寝中路主体建筑之一，仿养心殿建造，为**“倦勤后寝兴之所”**。养性，出自《孟子·尽心上》：

存其心，养其性，所以事天也。

所谓**“存其心”**，即坚守本心，培养本性，这样才能去侍奉上天。养性殿完工后，弘历曾写有一首《题养性殿》诗，曰：

养心期有为，养性保无欲。有为法动直，无欲守静淑。

弘历所追求的人生最高境界是“心”与“性”的合一。因而养性殿是他的养心、养性之处。

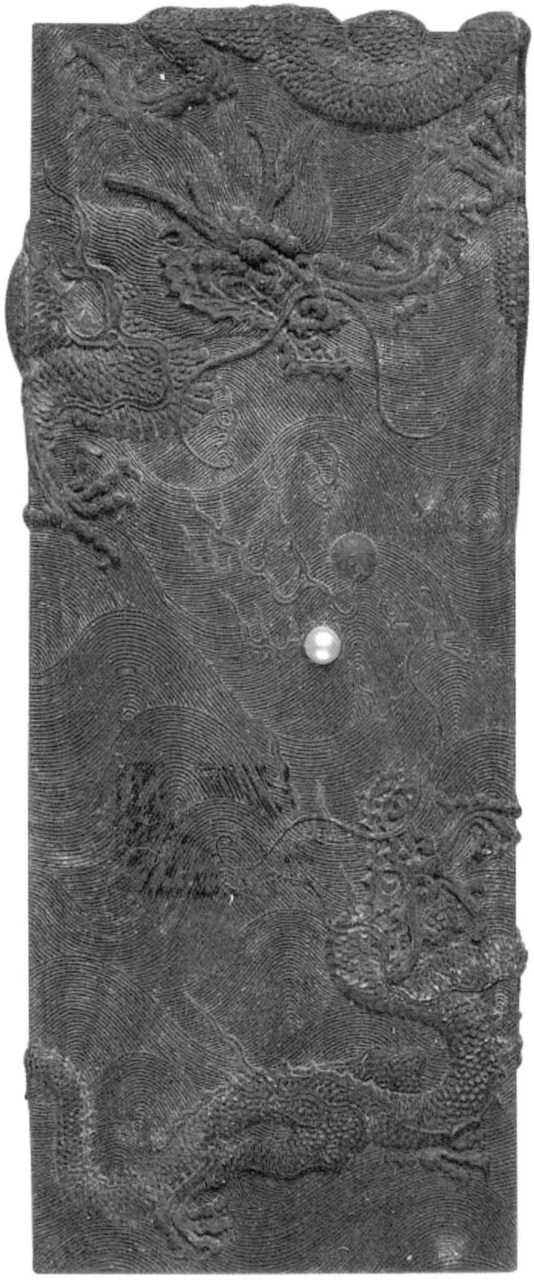

乾隆年制养性殿珍藏龙德墨

（2）淳化轩与乐寿堂藏墨

寓名蕴古墨：天圆地方式。圆形部分，两面分别有“御笔”“御香”及墨名。方形部分则分别为水榭莲池图与题诗：

初拓曾经赐文简，流传七百七旬年。无双善本教重沕，有数吉光幸独全。并弃书轩兹数典，非关治道彼称贤。由今视昔谈佳话，义具兰亭序一篇。

乾隆年制淳化轩珍藏寓名蕴古墨

乾隆年制乐寿堂珍藏墨

后署“重摹《淳化阁帖》成，因并弆毕士安原本于淳化轩，诗以志事”及“壬辰（1772）夏御制”题识。又有“尚古”印。墨侧有“淳化轩珍藏”款。淳化轩位于含经堂后。

墨床式墨：正面饰汉玉卷云纹，底有“天府永宝”印以及“大清乾隆年制”“乐寿堂珍藏”款。乐寿堂仿淳化轩而成。

其《新正乐寿堂》诗序云：

长春园之淳化轩先已落成，原为归政后园庭憩息之所。兹宁寿宫之乐寿堂，乃仿其规制为之。

乐寿，出自《论语》：

知者乐水，仁者乐山。知者动，仁者静。知者乐，仁者寿。

弘历认为，与人和谐相处，这才是人生的快乐。而与百姓同长寿，这才是人生的大庆。

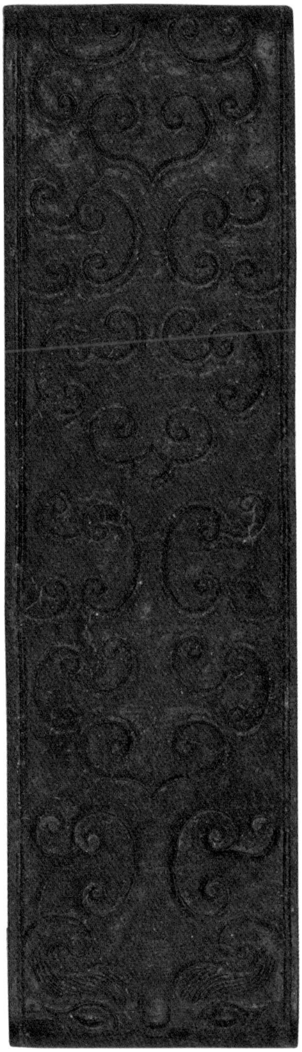

（3）蕴真斋与颐和轩、景祺阁藏墨

春华秋实墨：椭圆形。墨名下钤“寓意于物”印。墨侧“蕴真斋珍藏”款。墨名出自《颜氏家训·勉学》：

“讲论文章，春华也；修身利行，秋实也。”

蕴真斋在淳化轩北。斋名出自其诗《题蕴真斋》：

“抱虚近蕴真，此义著中孚”。

弘历设想其归政后在园中读经养身，反映了其“存真求诚的思想追求”。

乾隆年制蕴真斋珍藏春华秋实墨

五老游河墨：云头长方形。墨名下钤“取益在广求”印。墨侧“颐和轩珍藏”款。

颐和轩在乐寿堂以北。墨、轩皆体现了弘历在园林审美活动中悠然自得的精神状态。颐，养之义，出自《周易·颐卦》：

颐，贞吉。养正则吉也。……天地养万物，圣人养贤以及万民，颐之时大矣哉！

天地养育万物，圣人代天养育万民，颐养物我不失其时。

乾隆年制颐和轩珍藏五老游河墨

乾隆年制景祺阁珍藏天保九如墨

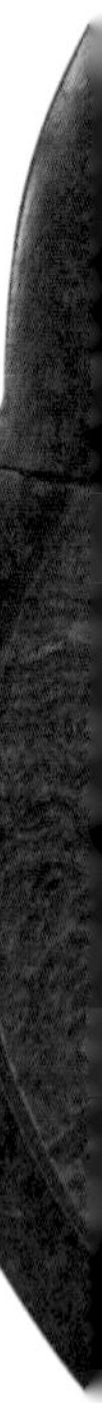

天保九如墨：葵瓣式。墨名下钤“追琢其章”方印。侧有“**景祺阁珍藏**”款。“天保”出自《诗经·小雅·天保》，“九如”，该诗中连用了九个“如”字，含有福寿绵长之意。

景祺阁是颐和轩的后殿。“景祺”出自《诗经·大雅·行苇》“寿考维祺，以介景福”，即老天赐给的福寿双全的大福，体现了弘历在《题景祺阁》诗中表达的“**敛锡由天贶，钦承慎己为**”思想。

在景祺阁中，有一幅巨大的通景画。其内容是二婴戏二犬，取福寿双全之意。弘历借此指出福寿双全是老天赐给的大福！

（4）渊映斋与景福宫藏墨

山水清音墨：梅花式。墨名下钤“翰日辉”方印。渊映斋为含经堂东路第二进院落。关于“渊映”，弘历在《渊映斋·渊乃训其深》诗中赞曰：

渊乃训其深，映乃训其委。惟深斯不穷，则委皆成美。

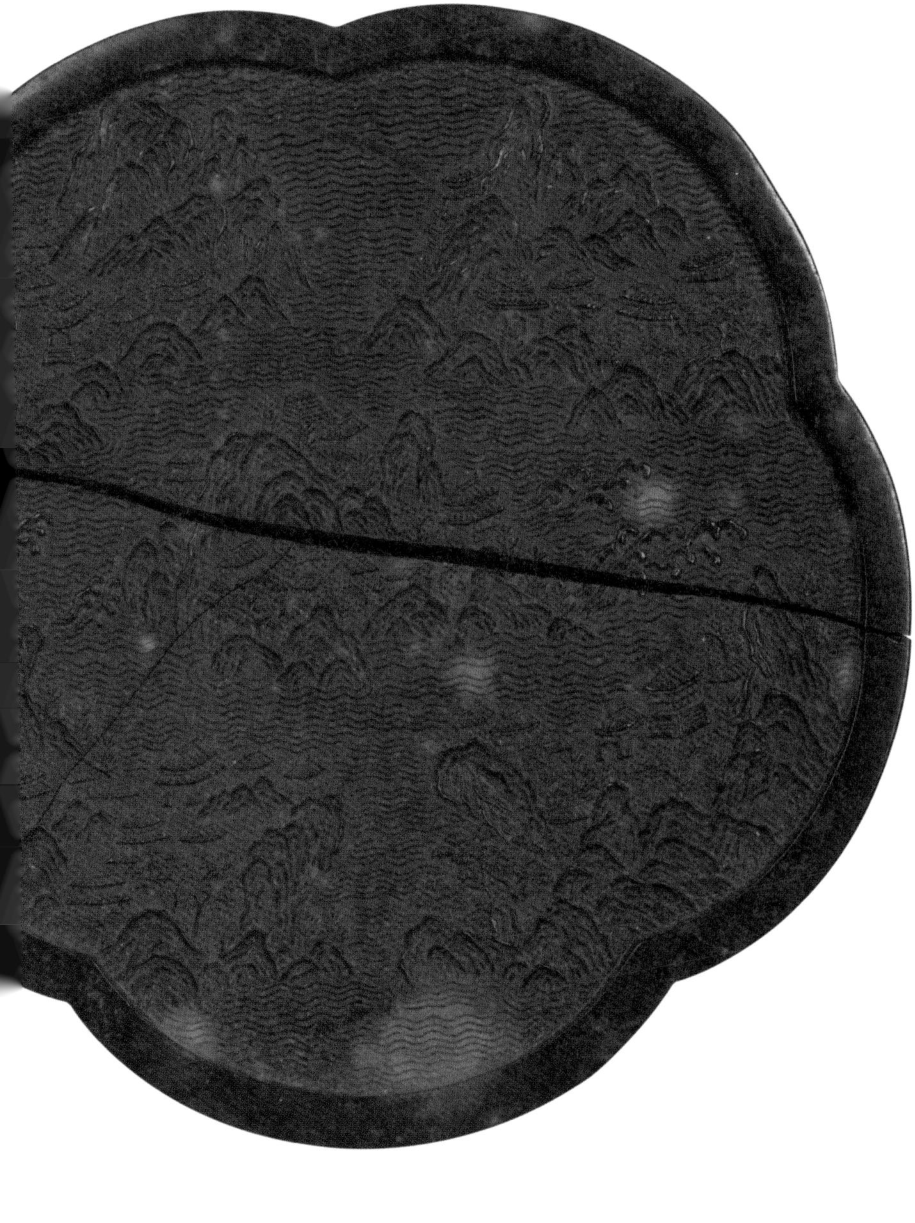

乾隆年制渊映斋珍藏山水清音墨

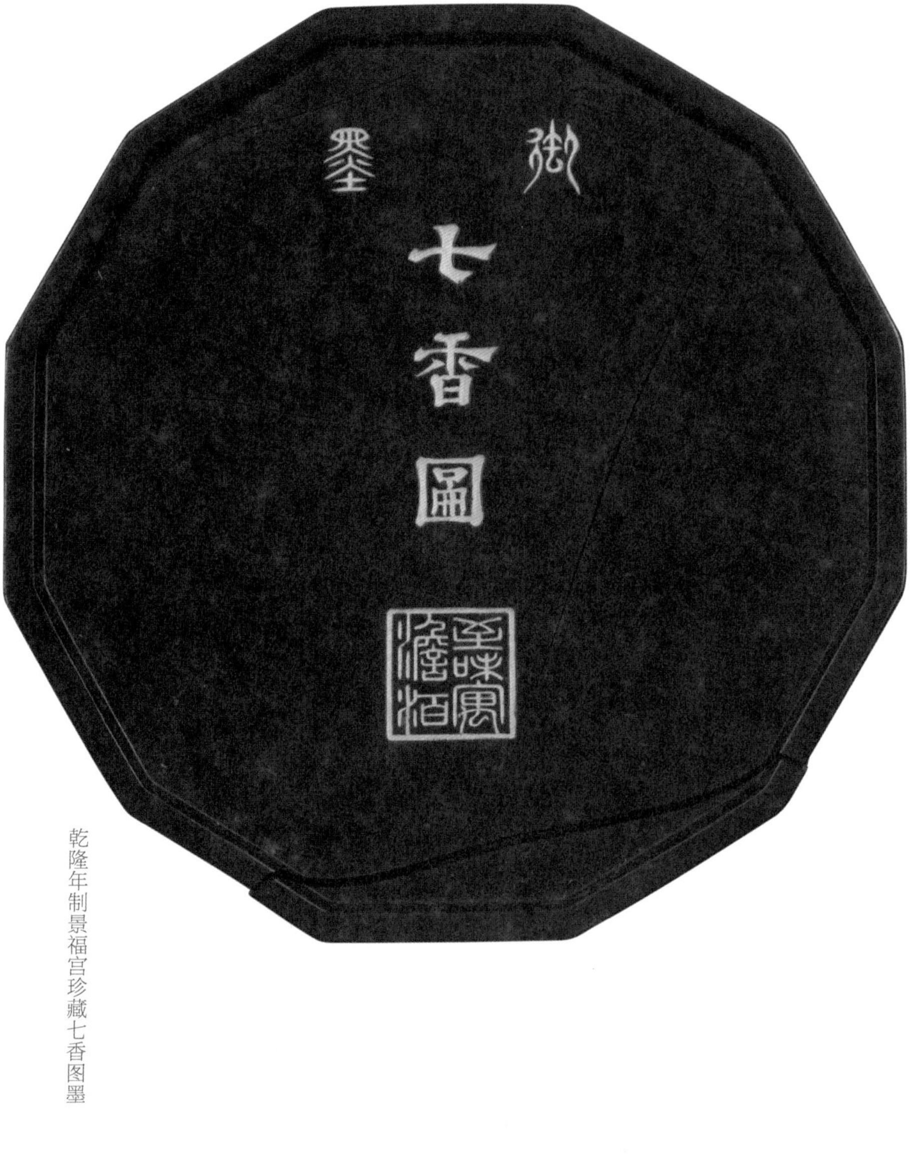

乾隆年制景福宫珍藏七香图墨

七香图墨：十二边形。墨名下钤“至味寓澹泊”方印。另一面为水仙、竹、栀子、梅、菊、桂、茉莉七香图。墨侧“景福宫珍藏”款。景福宫位于宁寿宫后东路，仿建福宫静怡轩重建。

（5）古华轩藏墨

众香国墨：八边形。墨名下有“秀色入窗虚”方印。侧“古华轩珍藏”款。**众香国为佛国名，喻百花盛开的境界，**出自《维摩经·香积佛品》。

乾隆年制古华轩珍藏众香国墨

乾隆辛卯年制古华轩珍藏有虞十二章朱墨

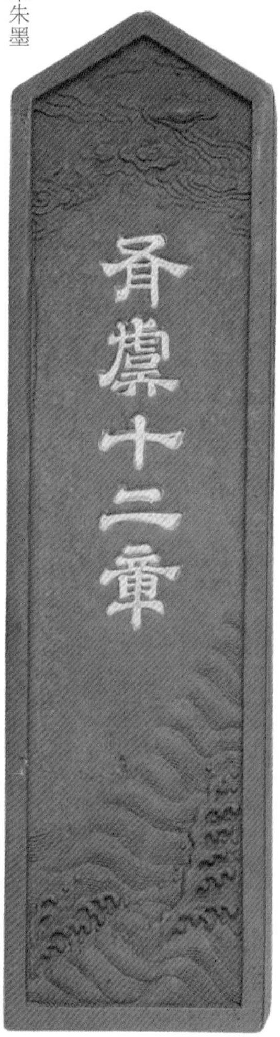

有虞十二章朱墨：圭形。侧款“**古华轩珍藏**”等。有虞，即有虞氏，或指有虞氏部落的首领舜。传说舜接受尧的禅让后，穿十二章冕服。图中的上下六章各有象征，**寓意江山永固，生生不息**。

古华轩位于宁寿宫花园第一进院落。轩名源自院中一株古楸树。有“**古而不华固，华而不古纤**”之意。弘历在《题古华轩》诗中以此树自比，强调帝祚永续的一个必备条件是“**孙葱郁**”。

归昌叶瑞墨：长方形圆角。墨名下镌“幾暇临池”方印。侧有“旭辉庭珍藏”款。**“归昌”指凤凰汇集鸣叫，寓意吉祥昌瑞**，出自《诗经·大雅·卷阿》。

旭辉庭位于古华轩院内假山之上，西倚宫墙，东向。

乾隆年制旭辉庭珍藏归昌叶瑞墨

（6）涵光室与遂初堂藏墨

黼黻昭文墨：长方形折角。墨名下钤“含英咀华”方印。侧有“涵光室珍藏”款。此墨原型图样源于《程氏墨苑·世掌丝纶》。世掌丝纶，出自《礼记·缁衣》。中书省代皇帝草拟诏旨，称为“**掌丝纶**”。父子或祖孙相继在中书省任职的称为**世掌丝纶**。

黼黻，原意是古代礼服上绣的黑白或黑青相间的花纹，多指官服，有世家传承之意。涵光室在含经堂西路第二进院落。“涵光”取意于《涵光室口号》中的“寄语春光且涵蓄”。这与《涵光室有咏》诗句相符合中的“**明光灭暗生，暗光灭明作。生灭岂涉光，如是薪传火**”。由此可知室名与墨名意义相同。

遂初堂砚式墨：砚形。砚首饰金龙戏水。

墨背刻阳文隶书，乾隆帝有赞：

固因磨墨有陶泓，砚也何来即墨卿。新样非关夸手巧，别裁可识寓思精。必偕出处犹为远，相忘主宾莫与争。声应气求求应在，研来合相只天成。

后题：

刘源者，康熙初年间人也。内府藏所制博古墨，有以砚为式者，因题句。

并署“乾隆庚寅（1770）仲春月上浣御题”，钤“比德”“朗润”章。左右边框上分别有“遂初堂藏墨”和“大清乾隆年制”款。弘历曾在《遂初堂有咏》中题有：

书堂额遂初，辽待廿年中。设果如所愿，乐哉叩苍穹。

申明其归政之意。

乾隆年制涵光室珍藏黼黻昭文墨

乾隆年制遂初堂藏砚式墨

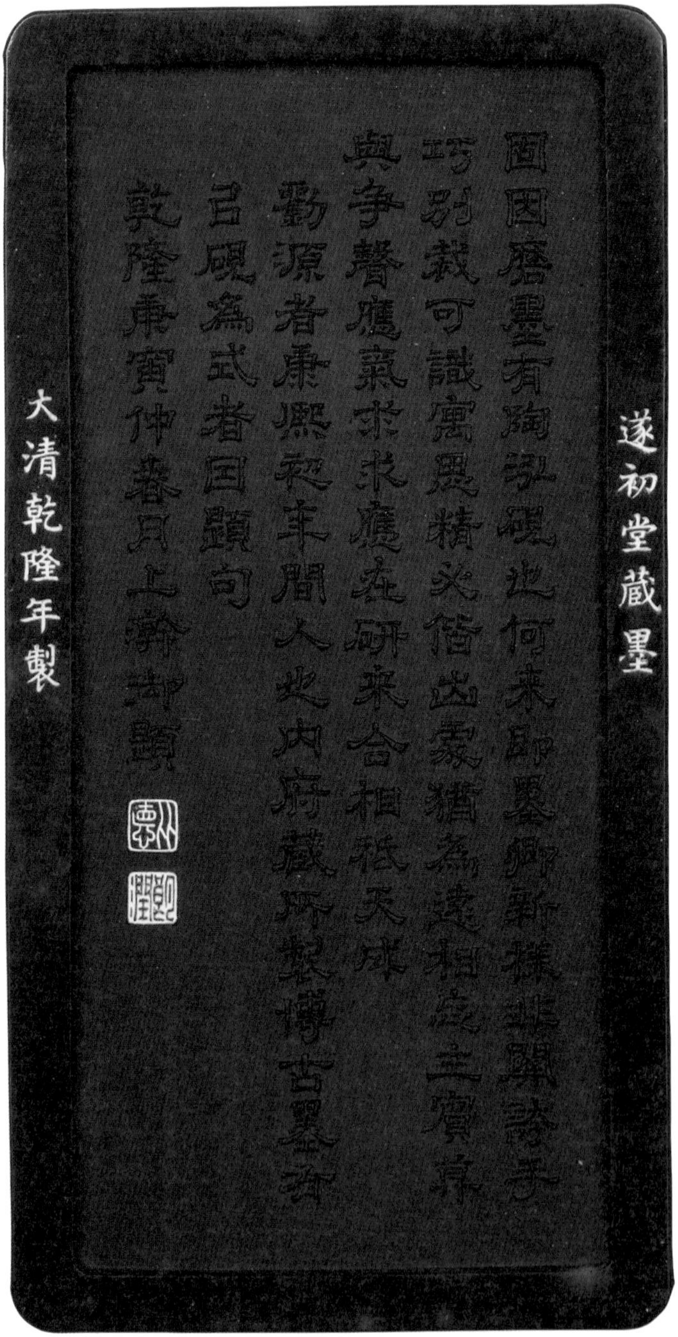

（7）静莲斋与延趣楼藏墨

东林莲社墨：碑形。墨名下方有“**得象外音**”印。墨侧有“静莲斋珍藏”款。

东晋时，高僧慧远于东林寺结白莲净社，弘净土宗。静莲斋在涵光室北。静莲，本为斋前假山石名。

弘历题：

斋前本无池，无池安得莲。然则奚名斋，寓意有取焉。

指出此斋为参禅诵经之所。

兰亭高会墨：折角长方形。墨名下钤“大块假我以文章”方印。墨侧为“延趣楼珍藏”款。

墨以东晋永和九年（353）修禊日（农历三月初三）王羲之和其文友、亲族在山阴（今浙江绍兴）集会饮酒赋诗的故事为题材。

延趣楼位于遂初堂后第三进院落。弘历在《延趣楼》诗中曰：

漫谓喜延山水趣，老来于此觉心偏。

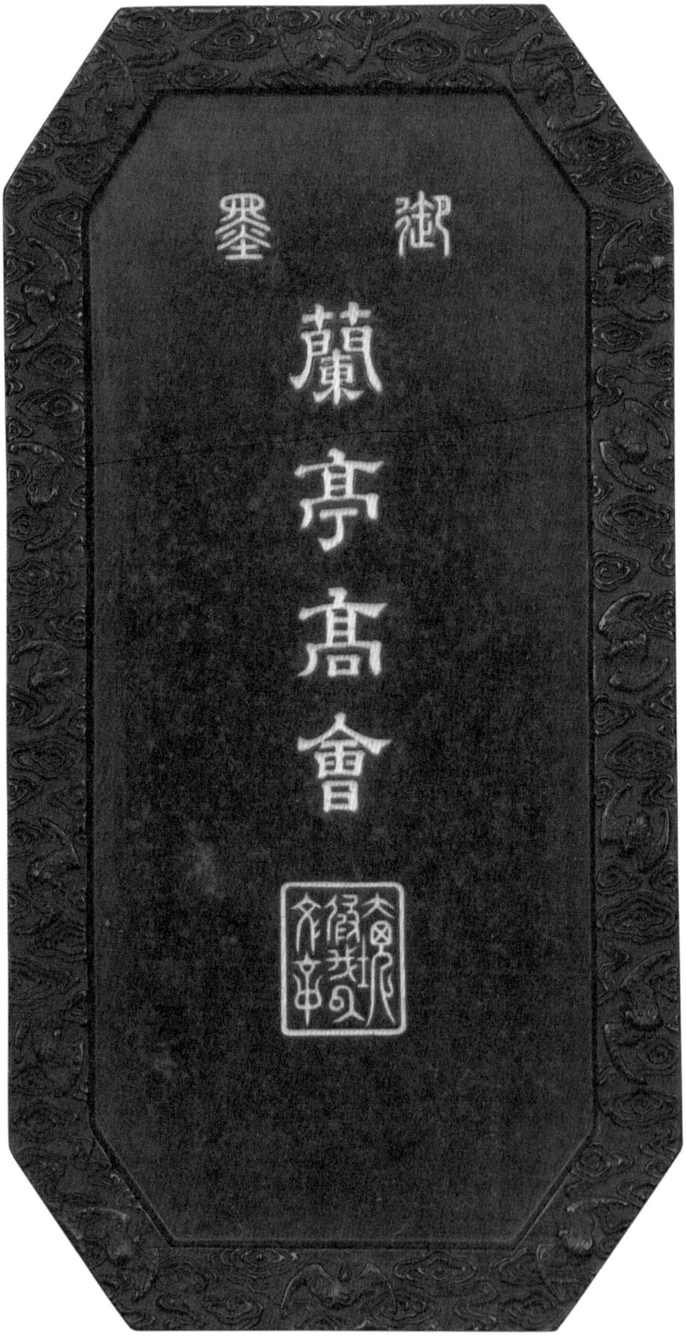

乾隆年制延趣楼珍藏兰亭高会墨

乾隆年制静莲斋珍藏东林莲社墨

（8）待月楼与玉粹轩藏墨

光分太乙墨：方形圆角。墨名下方为 “吟咏春风里”方印。太乙，星神名。墨名取自“太乙之精燃青藜杖为刘向照明读书”的典故。

弘历《待月楼》诗道出了楼名“待月”之缘由：

过望月上迟，于焉有事待。待则欲早见，登楼所以乃。

乾隆年制待月楼珍藏光分太乙墨

其“**早眠养一身，夙兴理万幾**”诗句，反映了他愿得神助，倾心治国之志。

凌云向日墨：椭圆形。墨名下钤“笔端造化”方印。另一面饰凌云向日竹石图。墨侧有“玉粹轩珍藏”款。

玉粹轩在宁寿宫花园第四进院落，仿建福宫花园凝晖堂。此处寄托了弘历渴望纵情山水的竹文化情结，他在《玉粹轩》诗中写道：

均成玉之趣，却恐画难工。个里养纯粹，休言一室空。

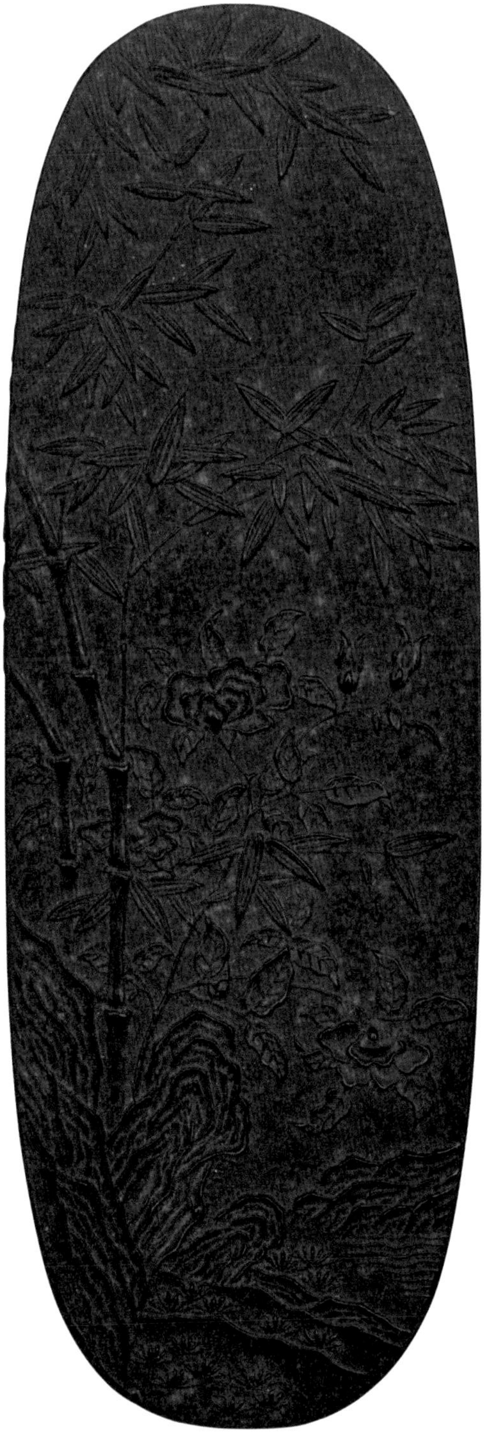

乾隆年制玉粹轩珍藏凌云向日墨

明清时期的制墨工艺成就

绘画时，墨有『五色』之分。
书法创作时，墨的颜色则越黑越好。
那么油烟墨好还是松烟墨好？
墨的出现，
比其他三『宝』早得多。
形容一个人『一肚子墨水』，
不只是指学问大，
也可能是真的头疼脑热病了，
拿墨水当药吃。
徽墨的祖师爷李廷珪有着什么样的事迹？
为什么弘历得到他的墨，
即便是假的，也是欣喜若狂？
徽墨是明清两代版画艺术的经典。
徽墨之美，美在墨模。

明隆庆年制龙香御墨

1. 墨的种类不断丰富

墨，是中国传统的书写工具之一，也是“文房四宝”之一。它最初泛指黑色的颜料，后亦包括朱墨和各种彩色墨。

墨一般是以松烟或桐油烟料所制碳素单质（烟、煤）为主，以动物胶为黏合剂，另加若干中药辅料，经和剂、蒸杵、压模、描金等工序加工而成的，主要供传统书法、绘画等艺术活动使用的特种颜料。

中国古墨具有造型美观、质量上乘、色泽黑润、坚实有光、入纸不晕、舔笔不胶、经久不褪、馨香浓郁等特点。早在春秋战国时期，墨已被广泛用于文字书写，至明清时期已是技艺纯青。古代众多的典籍、金石拓片以及书画艺术作品，都因为有了墨的使用而流传到今天。

在中国古代文具长期的制作、使用过程中，无论是在造型设计还是生产工艺上，人们对其逐渐形成了一系列美学评判标准和分类体系。

通常，人们主要**按照墨品的用途和特点、烟料、题材等标准进行分类**。例如按照用途可以划分为书画墨和药用墨。根据原料来源来看，可分为松烟墨、油烟墨、炭黑墨与油松混合墨等；根据颜色，可分为黑色墨和彩色墨；根据题材或组合形式情况，则可分为单枚墨和集锦墨等。还有以年代来划分的，如明墨与清墨。至于从风格流派出发，则可分为歙派、休宁派、婺源派。从制墨家来看，可分为程君房墨、曹素功墨、胡开文墨等。另外书画墨中又按档次分为**普通墨与高级墨**。

而**高级墨中又包括七类：**

（1）御墨

明清时期的皇帝用墨艺术水平最高。它们往往是宫廷召集匠人制作，另有少数为地方知名墨家呈进。明代永乐年间有“国宝”御墨，宣德朝及其以后有**“龙香御墨”**等。

清朝从康熙年间起由**御书处和内务府自造御墨**，以后雍正、乾隆、嘉庆、道光朝都有延续。光绪年间的内务府甚至还有《内务府墨作则例》流传于世。不过到清末，御墨常与贡墨混淆，皆由徽州地方的墨家专供。

（2）贡墨

贡墨是古代地方官员按朝廷定制进贡给朝廷的墨。分为两种：**一种是地方政府每年向皇帝进贡，以履行封建义务**。如歙县在道光以前，每年要进贡墨三次，分春贡、万寿贡、年贡。

另一种是封疆大吏为表达自己对于帝王的特别效忠而以个人名义请墨家制作并进贡的墨，模刻精工，烟料上等，都是精品，上面有年号、进呈者的名款，有时还有制墨家的名款。

其墨模镌刻更为精工，烟料也相对上等，为贡墨中的珍品。

康熙款端凝鉴赏涂金墨

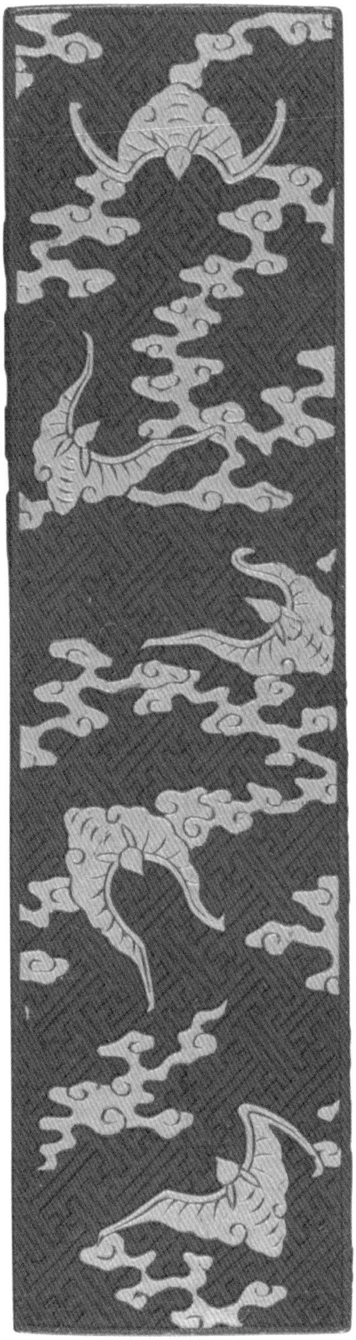
光绪款裕禄恭进万年红朱墨

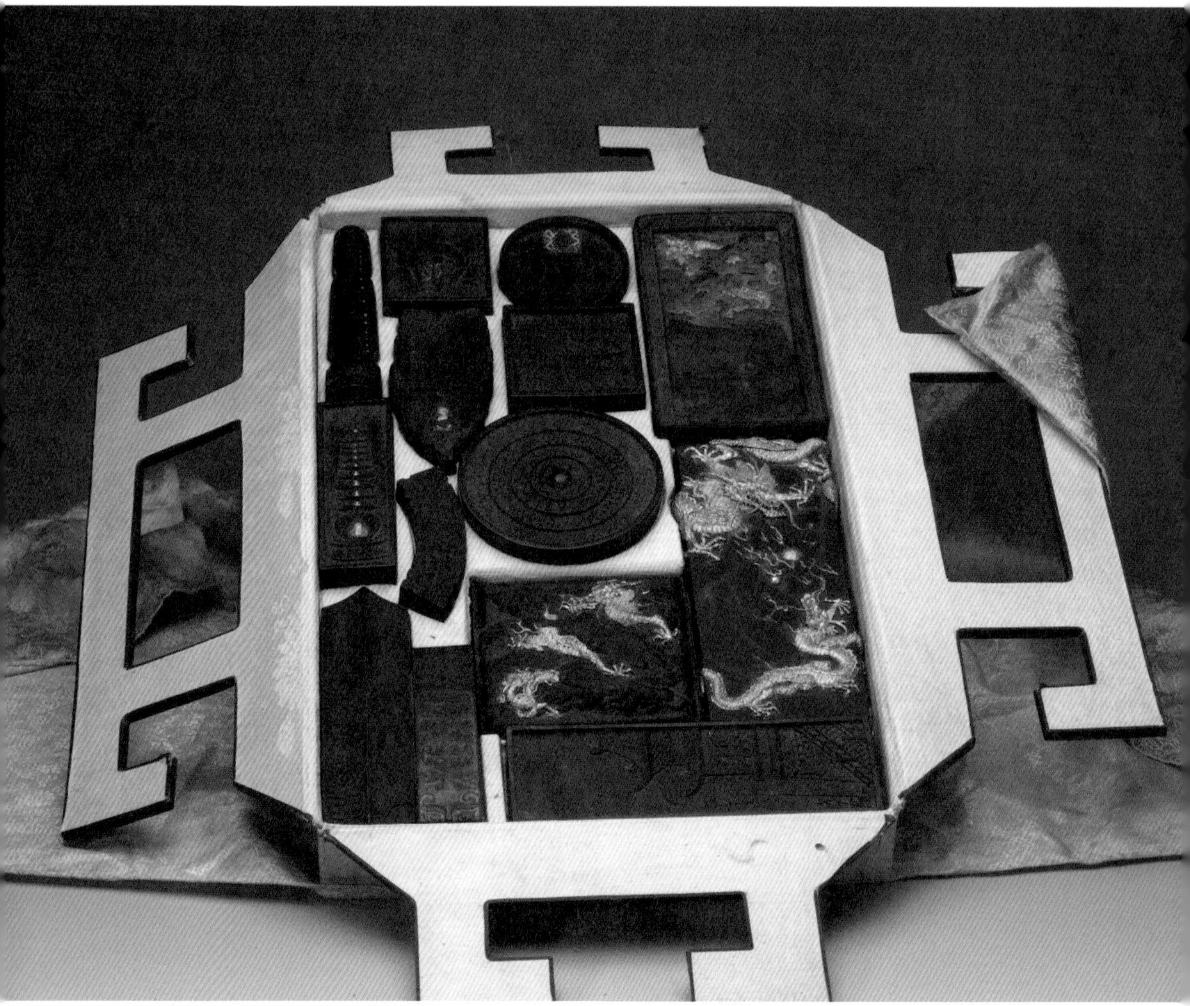
刘源进御香墨

(3) 自制墨

自制墨是文人或书画家按照自己的意愿向制墨家订制的墨。明清两代此风甚盛。

这种墨品的工料、图案、形式都要比市面上出售的高出一筹，文人气息较浓，向来为收藏家、书画家所重视。

巴慰祖缩临石鼓墨

（4）珍玩墨

专为欣赏珍玩制作的墨，形状大多小巧玲珑，不堪研磨。烟料、做工皆属上乘，艺术性极高。

胡开文造八宝奇珍墨

（5）普通书写用墨

在市场公开出售用于一般书写的墨，形式较为简朴，这是墨品消耗的大宗，多因质量高低不一而价格悬殊。

詹进元监制五百斤油墨

(6) 礼品墨

作为礼物馈赠的墨。有寿礼墨、婚礼墨、赠送学生墨三种。这类墨多注重外表形式，一般装潢精美，但选料较差。

胡开文制八仙（张果老）墨

（7）药墨

制墨时因调节墨性而加入较多中药材，结果制成了兼具药用价值的墨。

一般是松烟墨，墨上多署墨家名款，或直接署药店名款。

余子上制八宝药墨

2. 制墨的技术不断提升

（1）明清徽墨在原料选择上，油烟墨全面兴起并替代松烟墨的趋势已经不可逆转

明代徽州地区的制墨业得以复苏并迅速进入鼎盛时期。当时统治阶级和文人的参与，极大地促进了明代文房用品的发展。例如明神宗曾派专人到民间搜集罗小华墨。其朝臣也投其所好，四处采办。这是宋元以来包括徽州在内江南地区制墨业不断发展繁荣的必然结果。特别是到明代中期以后，从事制墨业的人数急剧增加，出现了**“徽人家传户习”**以及**“新安人例工制墨”**的盛况。

大批业墨人士的名号之所以能够被记载下来，是因为他们在**选料、配方、烧制、用胶、捣杵等工艺**方面皆有独到之处。这便为徽州制墨业的繁荣提供了坚实的技术支持。

此时，社会上对墨品的需求量急剧增加，**民众不仅用墨，而且藏墨活动也开始蔚然成风**。这便导致名家的作品更加商品化。它们在市场上的迅速流通与价格暴涨，极大地刺激了制墨的商品化生产，制墨工艺进一步提高，以李廷珪名义流传的制墨法——**“易水法”**在明代得到了更大程度的贯彻和发扬。匠人们在使用松烟制墨的同时，以桐油为原料的油烟墨的使用数量以及频率都在不断提升。

另外，随着明代后期书画与雕刻艺术的发展，徽州涌现了一批优秀的**雕刻艺人**。在木刻版画大发展的背景下，墨模雕刻技术达到了很高的水平。一些文人也开始参与制墨画稿的创作，这为徽墨制作的精良提供了艺术保证。

中国古代人工制墨的主要成分是烟料、动物胶以及一些特殊添加剂。中国传统人工制墨工艺的发展，先后经历了**三次重大原料突破（松烟墨、油烟墨、炭黑墨）**，同时也经历了三个工艺发展的关键时期，即秦汉时期的**石松墨**，宋元至明清时期的**油松混合墨**、清末以后的**油炭混合墨**。现在多使用工业炭烟降低成本，可以称为油烟墨、炭黑墨并存时期。

松烟墨是用油松树枝干和根烧制烟料，再配以胶料、香料而成。松烟墨的制作技术早在汉代即已成型。许多考古出土资料证明，到隋唐时期，生产过松烟墨的地区已经有今陕西、甘肃、河北、河南、江苏、浙江、江西、广东等地。宋代，能够制松烟墨的地域进一步扩大，而且有人开始对松烟墨工艺进行总结并著书传世。如宋人李孝美《墨谱法式》、晁贯之的《墨经》等文献，从采松、造窑、发火、取烟直至和胶、加药等无不详尽记载，更兼图文并茂。

松烟墨虽然具有**质细、胶轻、色黑、声清**的特点，但是其缺点也很明显，即**色彩暗淡，无光泽**，尽管重用胶漆，还是弥补不了这个缺点。因而随着油烟墨制作技术的发展，从宋代开始，油烟墨逐渐挤占了松烟墨的市场。另外随着制墨规模的不断扩大，以及人们对自然资源的过度开发和破坏，适合烧烟制墨的松树原材料日益匮乏，在很大程度上导致了松烟墨工艺发展难以为继。

油烟墨，又名“桐花烟”或“桐膏烟”，是用桐油或麻子油等烧制的烟料制成的墨。此项技术在北宋之前即已流传很久。桐油出自油桐树，该树又称桐油树、荏桐、虎子桐、罂子桐等。桐油多产自四川、重庆、湖南、湖北、浙江、贵州、广西等地。油烟墨具有色泽黑润、渗透力强、耐水性强、牢固、舔笔不胶、入纸不晕、经久不褪色等特点，书画皆宜。

明代后期，以方于鲁、程君房等人为代表的制墨家们皆以擅制油烟墨而闻名于世。油烟墨生产从宋代开始一直延续到清末。从制作工艺上讲，制油烟墨要比制松烟墨更为简便，原因在于油料可以借助水运等方式进行远途调配，故而**制作成本较为低廉，适合在较短时间内大规模生产**。而从艺术效果上讲，**油烟墨色乌黑而又有光泽**，在黑度、光泽度、渗透性、层次性、耐水性和墨色稳定性等方面，较传统的松烟墨为优。

现代也有学者认为松烟追求的是烟的颗粒之细，而油烟则讲究的是色彩之黑，两者各有特色，在书画上的表现效果也不相同，应根据书画的不同需要而选用。清代以后的文献，可以发现持油烟墨质量优于松烟墨观点的明显较多。不过由于油烟墨的大量生产，在近现代书画名家中，很多人在相当程度上对松烟墨较为陌生，因而惯用油烟墨。与此相对应，能够欣赏松烟墨内敛素朴特性的，仅仅是少数文人了。

油松混合墨是松烟和油烟混合而制成的墨。历史上有些人认为松烟墨和油烟墨各有特色，并无优劣之分，故而有人试图综合“油”“松”烟各自的优点，如宋高宗时蜀人蒲大韶采用油松烟各半之法制墨。这种混烟墨兼具油烟、松烟之长，黝黑且有光泽，宜书宜画。

（2）合胶与配料技术得到不断提高，相关的技术经验总结已经基本形成

墨的最初形式是用水调和黏结而成的无固定形状的墨粉，因其黏结性太小，只能形成**墨丸，不利于使用**。到东汉时期，当时人们开始利用

汉代墨丸 ［广州南越王墓博物馆藏］

胶和墨模，对原有墨粉施加了更大的外部压力，制成的墨品坚实而耐用。人们也由此可以在砚台上直接持墨研磨，从而告别了利用砚杵研墨的漫长历史。

胶料作为墨粒之间的黏合剂，起到了使墨能保存长久，并提高墨粉黏结力的作用。制胶的方法简而言之，就是将各种动物之角、皮、骨、鳔等材料加水煮沸，成为黏汁，过滤后凝成浓稠胶状固体，与烟等混合后形成墨坯。在和胶过程中，工匠们还需在墨与胶中添加各种配料，以改善墨品的耐久性、渗透性、色泽、香味以及防腐防蛀性。

例如曹魏时期的书法家韦诞（字仲将）曾用胶、药物掺入烟料，使其墨发出香气。到宋代，以张遇所制“龙香剂”为代表的油烟墨品，加入麝香、冰片等名贵药材，它们与烟、胶一同捣和，增加了墨品的光泽度、硬度、防腐性和香气。因而自宋元以后，“龙香剂”油烟墨成为中国书画墨的代称。

不过，添加药物对制墨有利有弊。例如明代墨家方瑞生曾在《墨海》中对当时常用的二十二种药一一剖析，分别指出它们的利弊；沈继孙也在《墨法集要》中认为用药并非越多越好，而是各有各的用处，应依据药性及相互关系辩证使用。而要制出高级墨，绝不仅仅靠药，概括起来：

一须烟醇，二须胶好而减用，三须万杵不厌。此不易之法，不可全借乎药也。

汪节庵造颜用川监制古龙香剂墨

（3）墨品的质量检验标准与理论得以强化

明代人更重视墨品料质的精到，从而推进了制墨工艺书籍的著述与出版。早在宋代，晁贯之《墨经》中便指出墨色发紫为贵：

凡墨色紫光为上，墨光次之，青光又次之，白光为下。

“黯而不浮，明而有艳，泽而无渍”。

曹素功制紫玉光墨——五老峰墨

另外，明代文人们在提到当时制墨家的成就时，常称赞其墨具有**质细、胶轻、色黑、声清**等特点。特别是墨质坚如玉石，敲击时会发出清脆的声音。好的墨品墨体表面温润光洁，理细如犀，而且气味馨香浓郁，色泽黑亮。

为了达到以上效果，人们在制墨过程中，需要将墨团坯进行反复搅拌和捶打。这是因为将烟料和配料混合之后，随着温度的降低，胶质变为浓稠状。

由于墨团中的烟粉与胶质不易调和均匀，故应遵循**“杵多益善”**的法则，借助外部强力多次杵捣。反复捶打的次数越多越好，甚至多达“万杵”。这样可使烟和胶均匀而紧密地结合，有助于使坯料中各种原料分散均匀，不致有离散的烟粒存在，进而使墨品黏糯滋润，达到“丰肌腻理，光泽如漆”的效果。若捶打的次数不够，烟与胶之间的空隙大，不但研磨时墨色不匀，且墨块也易崩裂。

随园居士袁枚制轻胶万杵墨

（4）墨的造型和装饰设计得到空前提高

自明代中期以来，墨品多在造型和装饰图案上得以突破。特别是墨模制作工艺的发展，对徽墨日后的繁荣起到了关键性作用。

墨模又名“墨印”“墨范”或“墨脱”“脱子”以及“印脱”等，是工匠在制墨过程中为了使制成的墨品坚实而耐用，并使之图案、形状更加丰富，给已经调和好的墨坯以巨大压力的一种模具。其制作原料多为徽州所产石楠木等，取其质地坚细，易刻且不易受压变形。它的出现不仅是中国制墨业发展到一定规模的反映，而且是使中国古墨艺术化的一个重要手段。

东汉以前墨的形式，是内部结构较为酥松的“丸”或“螺”形。至东汉时出现了手捏成型的**“握子”**。唐宋时期，墨模的使用大大增强了墨品本身的硬度，因而在历史文献中人们对墨称呼的计量单位也逐渐由“梃”转变为“笏”或“锭”。

早在元末明初，制墨的原料配方即已定型。在此背景之下，唯有讲究墨品的造型，才能在激烈的市场竞争中脱颖而出。也恰恰是因为有了墨模，才使得墨模上精雕细刻的花纹在墨体表面得以清晰呈现。特别是受明清两代书画流派风格的影响，其墨模雕刻风格也相应地具有时代区分的功能。通常而言，明代的书法多遒劲，墨模雕刻手法则需要深厚有力才能显示其雄健、阳刚，文字锋芒峻厉，圭角岸然。清代书法多秀润，墨模雕刻手法多柔妍精细。

到明代嘉靖后期，徽墨的设计艺术发展到无以复加的程度。明清时期墨模的制作技术已经完善。

例如制作长方形墨品时所用的墨模一般由带榫“里嵌”的六块模板组成，并分为上、下、左、右四墙，下有底板，上有压板。工匠们在六板内置软而热的墨“剂子”，再用固定的“外框”部分将此六板固定，最后借助外力进行加压合紧，使之六面受力均匀并迅速成型。

精美的墨模雕刻本身便是一个艺术性的创造过程。其制作在刻法上属于平底浅浮雕，要求刻工们具备扎实的书法、绘画功底和纯熟的运刀功力。他们能充分发挥浮雕的表现力，在忠于原作画稿的基础上，以刀具代笔，在方寸版面上运用各种技巧，表现人物、山水、花鸟、楼阁等内容。

在具体图案的处理上，其与一般木刻的最大区别在于一是反刻，二是所刻文图的底部要平，三是六个墨面皆可雕刻。

墨模的精细程度通常代表了墨品的等级高下乃至价格水平。

墨模图·重绘

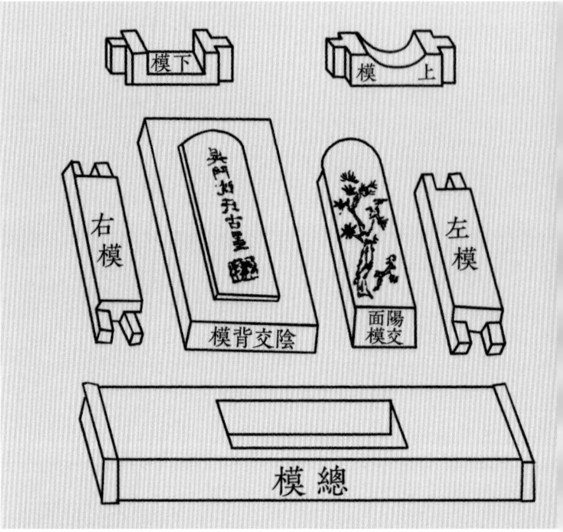

墨模内模

墨模总模

3. 明清时期制墨的特点

（1）品牌意识的提高与名家辈出

明代嘉靖到万历年间，随着江南手工业和商业的繁荣发展，徽州制墨业内部出现了激烈的市场竞争。这种竞争开创了“徽墨”在明清时期兴盛的新阶段。其中**一些名墨精品即便价比黄金，仍得四方竞购**。这既是制墨工匠的荣耀所在，也是墨工的社会地位得以改观的一种体现。

嘉靖年间的**罗小华、方正、邵格之**以及万历年间的**程君房、方于鲁、汪中山、吴叔大、叶玄卿**等名家，都是在激烈竞争中相继兴起、各树一帜的代表人物。

如**罗小华是中国徽墨发展史上将艺术创作与商业获利相结合的第一人**。他继承前代制墨技术精华，以桐油烟为主料，搭配“龙香剂”配料，以鹿角胶为黏合剂，制出**“坚如石，纹如犀，黑如漆”**的墨品，被人称为上品。其墨除了品质极佳外，在外观设计上还栩栩如生。罗小华创造性地把徽州雕刻技术融入墨模制作当中，使得墨品不仅具有实用性，且具备相当的工艺欣赏价值。

墨模在长时间使用后，为了保存资料，也为了商业上的推广，自明代起，有些制墨家开始将墨模拓印，或将原稿重刻，做有系统的编整，使之成为出版品。方于鲁、程君房等制墨名家，曾先后出版了《方氏墨谱》和《程氏墨苑》，汇聚了当时最为经典的墨品样式，皆保持了与罗墨类似的艺术风格，并引领了明末墨品装饰设计的潮流。这种以精美的版图形式加以表现的广告宣传与资料汇编，不仅扩大了各自的业内影响，而且为后世研究明代版画留下了不可忽略的文献样本。

罗小华款一池春绿墨

（2）私人订制墨品的现象较为多见

清代以来，文人墨客、书画名流、达官士绅等以个人名义聘请工匠制墨成为一时风气。文人自制墨最早可以追溯到曹魏时期的书画家韦诞。在宋代一时蔚然成风。当时的文人士大夫曾纷纷亲手制墨，例如文学家苏轼、黄庭坚甚至宋徽宗等都亲手制墨。

士大夫阶层对墨的这种偏好，客观上为制墨行业引来更多关注，营造了有利于制墨业发展的外部环境。为了适应文人们的欣赏需求，不少墨工们也在墨的形式上费尽心思，并且在具体的设计过程中需要参考订制者的意见。这种墨的文人气与个人风格较强，这就大大地提高了墨文化的内涵品位和艺术魅力。

由于其是按文人士大夫自己的情趣将图文集于墨之方寸天地，专门刻模订制的专用墨品，故而这些墨品在烟料选择、图案设计、花纹搭配、做工刻模等方面较一般市易墨精致周到，小批量生产；有些墨上题铭多为文人亲手所书，也体现了个人的书法功力。它们反映出当时的文人雅趣和文坛学风的变化，进而可以从物证方面解读当时社会思潮与文人生活。

特别是自清代中期乾嘉学派兴起后，仿古题材的墨品尤为流行，无论是古泉墨、石鼓墨、汉瓦墨，还是各式文人专用拓碑墨，以及利用传世的古墨翻模复制的仿古墨等皆得以流行。

此类墨品造型大多小巧，它们与实用墨类相比，重视造型之美，主要讲究其鉴赏和收藏价值。所以这种墨所用烟料讲究，刻饰图案、花纹精致，做工周到细腻，集书画、镌刻、造型艺术为一体，在质量和艺术表现上胜于寻常制品。

（3）集锦墨成为清代徽墨竞争的重点

清代徽州的制墨业主要涉及绩溪、歙县、休宁、婺源四县。由于地域制墨风格的差异，以及工匠之间的竞争激烈，徽墨内部形成了**歙派、休宁派与婺源派**三个派别。其区别关键在于**墨模雕刻风格的不同**。

早在明代，歙县的诸多墨家纷纷制作与文人意趣一致，且以圆形、方形为基本造型的大锭墨品，以满足宫廷权贵、高级官僚、大地主、社会名流之需。这些墨品具有隽雅大方、雍容华贵的艺术风格，同时在品质上具有烟细胶清的特点。特别是歙县籍墨家在图案装饰上讲究“诗书画印”的齐备与协调，俨然是当时高级文人阶层书画作品在新介质上的

叶玄卿按易水法制苍苍室藏二酉山图墨

集中反映。这类风格被后世名家如叶玄卿、吴守默、曹素功、汪近圣、汪节庵等人加以继承和发扬，一直延续到咸丰、同治年间才衰败下去。

集锦墨是中国古代制墨家**按一定设计构思，将形式不同、图案各异的墨品组合在一起的成套丛墨。这种组合套墨多带有装饰性或礼品性。**其创始人传说是明嘉靖年间的休宁人**汪中山**，集锦墨在当时又称为“**瑶函墨**”或“**豹囊丛墨**”。

在歙派制墨风格不断发展的同时，明代休宁县出现了以汪中山、邵格之为代表的另一类**徽墨风格**。与歙派相比，休宁派徽墨主要面对的人群为**新兴富商、中小地主、基层政权管理者**等。其单锭墨品的图案设计虽然较为抽象简约，但是在外观装饰上讲究样式繁杂、华丽精致，多饰以金银彩色，尤多出产专供珍藏赏玩的系列套墨，即**集锦墨**。此类墨品在整体效果上取代了歙派墨家所推崇的单锭书画式大墨的一贯风格，使人耳目一新。

最初，古代制墨家选用不同名品聚在一起，每锭墨形式、图案、名称都不同。后来，制墨家把自制的墨品按照题材分组定名，并将形式不同、图案各异的每锭墨组合在一起，或者把形式相同而图案不同的每锭墨组合在一起，成套装盒。每套墨品从数锭到数十锭不等，错综排列，整齐美观。从**形制**上讲，集锦墨注重层次布局；从**款识**上讲，其变化多样，画家、书法家的艺术水平在墨上得到了充分表现；另外还在**外包装**上费尽了心思。为保存永久和携带便利，这些套墨往往都配有相应的包装，如锦纸套、漆盒、木匣等，极具装饰性，更加让人赏心悦目。

一般而言，清代高级集锦墨多采用**楠木漆盒**，另有用**黑漆描金匣**储存，也有用**金丝楠木**或**乌木做匣的盒内分匣，匣套白绫，墨锭装入锦盒**。盒以墨漆为底，上施朱彩或镶嵌螺钿，盒面描金龙纹、山水等图纹。**由于集锦墨的生产成本巨大，所以它代表了乾嘉王朝乃至某些知名制墨家最为兴盛时期所为，是其最高制墨水平的体现**。乾隆御用集锦墨，如“七十二月令候”“御园图”“重排石鼓文”“四库文阁”等墨品的设计纹样皆经由当时清廷内务府造办处主持，派遣如意馆画家绘制画稿，再由御书处“**墨作**”的“**南匠**”分工精制而成。或者将此类图样发往徽州，由当地墨坊承办贡墨所用。因而徽州各墨家多有仿制并流传至民间。总体而言，**集锦墨是多方面的艺术总汇**。集锦墨的出现，是当时美术、书法、雕刻、漆器、纺织、螺钿等各类工艺制造技术的集萃。这种丛墨的出现和发展，无论是从图案装饰、形式变化，还是装潢设计，都使得我国的制墨工艺得到了全面的进步。

宁寿宫集锦墨（四十锭）各种形式的包装（一）

宁寿宫集锦墨（四十锭）各种形式的包装（二）

（4）徽州制墨技艺促进了乾隆御墨的兴盛

乾隆御墨是专供乾隆皇帝使用的书画用墨。御墨有三种来源，一是由宫中设置的专门机构制作的御墨。二是由宫廷出具设计形式和图样，交由徽州地方著名制墨工坊承制并按期定量呈进的御墨。三是官员的特贡。

乾隆御墨吸取了自清初以来徽州制墨的有效经验，将清代皇家审美与徽州雕刻工艺的灵秀气韵加以契合，在造型、装饰等方面对明代以来墨品的装饰设计进行了总结和提高。尤其是某些御墨的署款十分考究，多标有相应的宫殿名，以满足各自不同功能之需。**其墨品不仅质量精良、造型优美、图案细致，而且在铭文、款识等方面亦有值得称道之处**。它们在体现着皇帝个人喜好的同时，直接反映了其世界观与价值观。

清代诸帝多善书，对于制墨极为重视，故**御制墨品多精绝**。这些墨品是专供鉴赏的墨品，清代大多以贡品的形式呈现。中国早在东汉时期便有了贡墨。据民国《歙县志》，宋时徽州“每年以大龙凤墨千斤充贡”。相对而言，康熙朝以后贡墨的种类与数量要丰富得多。

就墨品主题而言，贡墨多在正面题有奉承或特定的词语，皆具有吉祥如意的意味。其中包括祝寿类、颂盛世、感恩泽、赞御书等，如万寿无疆、海鹤添筹、亿万斯年、天子万年、华封三祝、天汉云章、万载长春、天保九如、龙光万载、太平如意、太平有象、太平清玩、车书一统、万国咸宁、嵩呼万岁、光被四表、璧合珠联、日月光华、海晏河清、天文垂

总督漕运张大有进万寿无疆墨

曜、圣朝雨露、景星庆云、万福庆云、太平雨露、宝翰凝香、宸翰辉煌、天章云焕、天书焕彩、天章宝翰以及万年松、万年红等，多是歌功颂德、粉饰太平的华丽辞藻。

随着时间的推移，贡墨的主题有了极大的丰富，除了以上祝语类外，又出现了景物名胜类、农业生产类、博古类等题材。这些贡墨的画面都注重自然情趣的表达、山水灵气的显现，给人清新典雅的心理感受。

不仅如此，有些贡墨属于“特贡”。它们多用于大臣以个人名义嘱咐墨家制以进呈皇帝表示忠心，并借以得到帝王的宠信。与“例贡”墨品相比，它们在款识内容上比较简单，仅在墨上署有臣字款而没有职衔，如“臣汪由敦恭进”“臣徐元梦恭制”等。这些臣子不惜财力，但求质量，甚至装潢精巧。其中最具代表性的便是康熙年间江西督窑官刘源所进系列墨品。这些墨品体现着君王的喜好，进而成为清代乾隆朝内务府“御墨”制作的主要参考依据。

随着时间的推移，某些题材的墨品导致民间制墨行业皆以之为范本进行仿制，实现了清代后期民间与宫廷制墨艺术上的良性互动。

陈淮进天书焕彩墨

自康熙朝起，清宫内便有御墨的制作。以后雍正、乾隆、嘉庆、道光等朝皆有御墨传世。

乾隆皇帝除了沿袭前朝御墨的制作形式外，还命令内廷大量制造新式墨品。为了使得新制御墨更加符合自己的艺术口味，乾隆皇帝还特命徽州墨家进京指导内务府制墨。此时世间传闻最为著名的便是在乾隆六年（1741），徽州制墨名家汪近圣之子汪惟高曾离乡赴京三年（1741 — 1743）在御书处教习制墨的故事。

汪近圣（1692 — 1761），清代制墨名家，号鉴古，徽州府绩溪县尚田村（今安徽宣城绩溪尚田村）人。他本是曹素功家的墨工，后来自立门户，于康熙末年在徽州府城开设了“鉴古斋”墨店。汪近圣所制墨造型、图案、题识等皆精巧出众，精品墨有“惜如金”“骊龙珠”“千秋光”“龙光万载”“漱金”以及集锦墨“耕织图”“黄山图”“新安山水”“辋川图”等，无不是徽墨中的佼佼者。其墨质与墨样均精工，被时人誉为李廷珪再世。

据《鉴古斋墨薮》记载，**汪惟高**“选名材，精器具，法必宗于古，式必从其新”，所制墨深得圣意。

又有**汪节庵**（1736—1820），名宣礼，号蓉坞，歙县信行里（今安徽黄山市徽州区岩寺镇信行村）人，店名“函璞斋”。其家制墨成名于乾隆晚期，据说有函璞斋墨品七十四种传世。其墨质坚莹，做工精美，形制古雅，颇得当时名士的偏爱。

目前所见嘉庆、道光年间文人订制墨多出自其手。

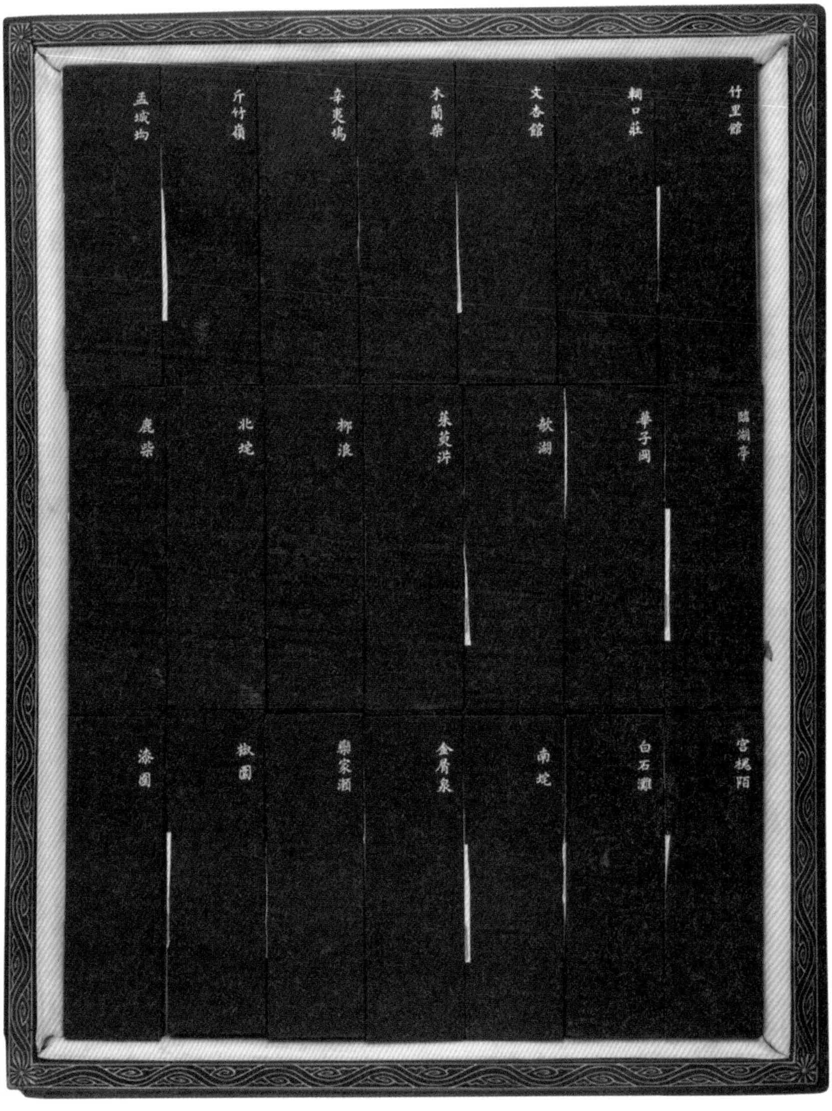
孟城坳
斤竹嶺
辛夷塢
木蘭柴
文杏館
輞口莊
竹里館
鹿柴
北垞
柳浪
茱萸沜
欹湖
華子岡
臨湖亭
漆園
椒園
欒家瀨
金屑泉
南垞
白石灘
宮槐陌
汪近圣制辋川图诗墨

汪节庵造书函式墨

另外，汪氏还善制**集锦墨**，目前有“潇湘风景图”“黄山图”“西湖十景图”“名花十友”墨等存世。

汪节庵墨品常被江南大吏们选充贡品，甚至有许多显宦名流也都给汪氏墨业以高度评价。例如阮元、曹振镛、林则徐等人都写过题赞。

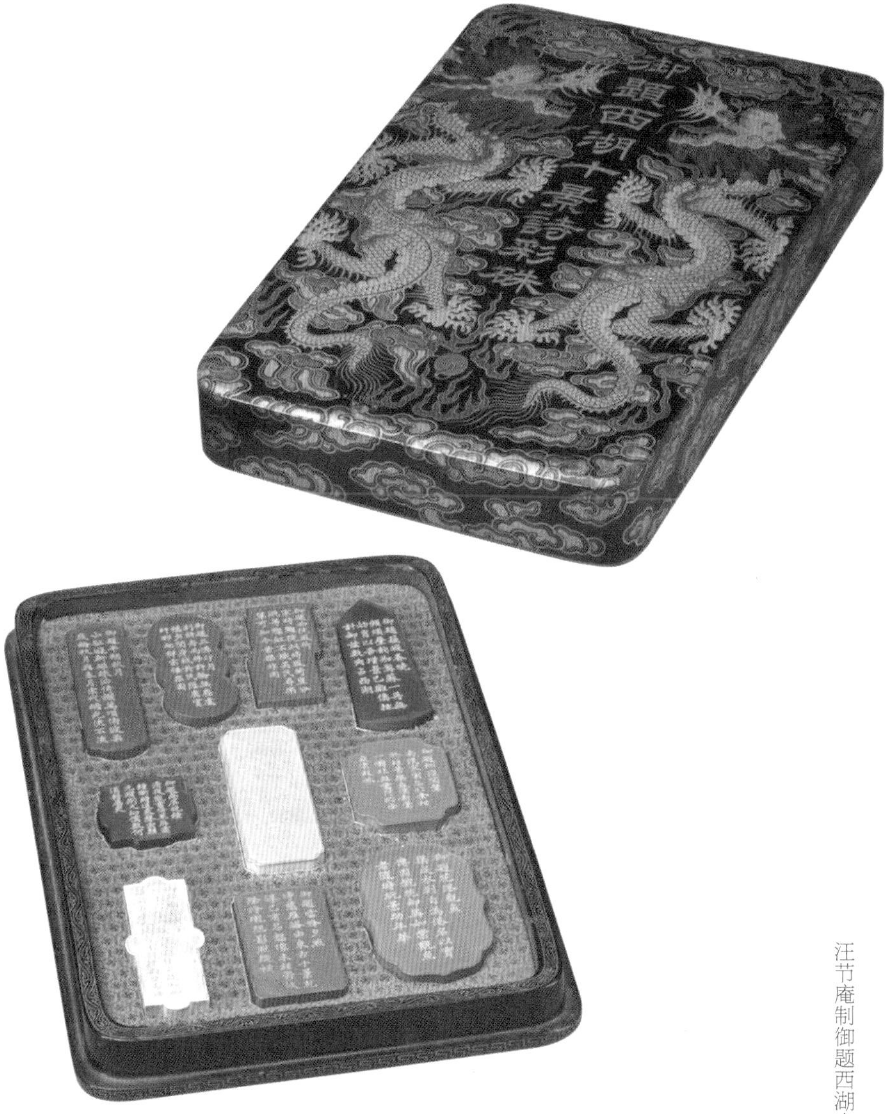

汪节庵制御题西湖十景诗彩墨

乾隆的制墨野心

乾隆二年（1737），

刚当上皇帝，弘历便自己设计了一套二十六锭的御墨。

他曾多次传旨，将内府中不再收藏的金、元、明及康熙朝以来古墨碎者交御书处，打碎重制而塑成新墨。

这种墨被称作再和墨。

宁寿宫御墨在造型上集历代之大成，如其中多有仿康熙御墨形制者，仿制刘源贡墨者，

参考《程氏墨苑》与《方氏墨谱》者。

弘历在利用太上皇宫收集宝物的同时，表达着自己对先人、先贤、先圣的顶礼膜拜。

弘历在制墨一事上，

无论是制墨原料，还是墨品造型和纹样，都要囊括一切世间已有之大成，从而制出他最满意的墨品。

以墨云室墨为代表的宁寿宫集锦墨，具有明确的政治寓意。

乾隆御墨，表面上是为皇家建筑空间的实际用途量身定做的，

但实质上，却反映了帝王政治抱负与文人意趣相结合的双重意象。

1. 试图在制墨原料上集历代之大成

作为十八世纪皇家制墨技艺的代表作，宁寿宫四十锭集锦御墨无论是在形制上还是在烟料选择上，都代表着当时的最高水平。

所谓“再和墨”，是指墨工将残损、旧、破碎古墨蒸浸以出胶，再以新胶调和，或者将旧墨残碎品捣碎加入若干药物等重新制造出的墨。

在制造再和墨的一系列工序中，仅仅省去了点烟、选烟的工序，其后的融胶、用药、蒸剂、捶捣、称剂、压模、干燥、修整、装饰等工序一步不能少。而被苏东坡誉为“墨仙”的汴梁墨工潘谷曾吸取了高丽墨法的宝贵经验，其“尝取高丽墨再杵入胶，遂为绝等”。例如宋人何薳就曾提到他的友人见过一块李廷珪墨，墨的铭文是“臣廷珪四和墨”，因而何氏认为李廷珪有名的对胶法来源于再和墨。

据说乾隆御墨中有将金、元、明及康熙朝以来古墨碎者再造的情况。清宫档案对于毁造墨品的种类及数目是有明确记载的。弘历曾多次传旨，将不再收藏的墨品交御书处毁造用。再和墨的整理和制作在乾隆年间属于日常行为，其中最大规模的一次，即乾隆辛卯年（1771）对宁寿宫四十锭墨品的制作。

2. 试图在墨品造型上集历代之大成

就墨品造型而言，宁寿宫四十锭御墨的纹样有以下几个来源值得关注。

① 对于丁巳年制御墨的补充

早在乾隆二年（丁巳，1737），乾隆御墨已经初见端倪。目前可见最为成熟者，是署有“丁巳”年款的一套二十六锭墨，分别题名为：映日凌云、青藜阁、世掌丝纶、仙居台阁、东林莲社、春华秋实、兰亭修禊、凌烟阁、七香图、冈渎呈祥、众香国、天保九如、黑丹、五色凤凰池、五老告河、晓艳寒香、来仪、凤玦、夔虎玦、夔龙玦、赤壁、清香直节、鱼珮、杂珮、螭虎玦、璜珮。在制造黑墨的同时，宫廷还制造了描金彩漆墨与色墨，形式与黑墨同。其中彩漆墨是在本色墨品上髹漆衣，再施以金银彩绘，使墨品色泽亮丽，更具装饰效果。至于色墨，则分为白、黄、绿、蓝、朱等五色。

御墨乾隆丁巳年制兰亭修禊黄墨

乾隆丁巳年制兰亭高会描彩墨

乾隆丁巳年制映日凌云白墨

另外在数量上，四十锭中新增者有云汉为章、寓名蕴古、内殿轻煤、遂初堂砚式、天府永宝、有虞十二章、龙德、敬胜斋珍藏、敬胜斋法墨、云行雨施万国咸宁（镜式）、云行雨施万国咸宁（玺式）、纶阁、艳友、青圭。造型不变题名变化者，有黼黻昭文（世掌丝纶）、仙山楼阁（仙居台阁）、山水清音（冈渎呈祥）、光分太乙（青藜阁）、归昌叶瑞（五色凤凰池）、凌云向日（映日凌云）、五老游河（五老告河）、兰亭高会（兰亭修禊）、紫阁铭勋（凌烟阁）、地不爱宝（黑丹）、赤壁（赤壁图）、来仪（凤玦）、蟠云（夔虎玦）。造型与题名皆不变者，有东林莲社、春华秋实、天保九如、七香图、众香国、晓艳寒香、清香直节、螭虎玦、杂珮、鱼珮、夔龙玦、璜珮、凤珮。

乾隆丁巳年制七香图白墨

② 对康熙御墨的模仿

宁寿宫套墨中多有仿康熙御墨形制者。**除艳友**、青圭墨外，尚有淳化轩云汉为章墨、长春园内殿轻煤墨以及敬胜斋法墨、敬胜斋珍藏墨等。如云汉为章墨的样式明显仿康熙渊鉴斋摹古宝墨；又如内殿轻煤墨，据传其形制上与康熙畅春园精造御墨相同。长春园于乾隆十六年（1751）基本建成，是他“耆期岁月合优游”之地。淳化轩在长春园中相当于渊鉴斋之在畅春园。以此命名，说明弘历是效仿其祖之举。另有署“大清壬辰年制”年款的敬胜斋法墨与敬胜斋珍藏墨，更是对康熙渊鉴斋清赏墨的模仿。敬胜斋是建福宫花园中的一处书斋，乾隆皇帝对其尤为重视，他曾在《敬胜斋》诗中云“常有图书伴，如承师保临”，反映了他对于敬胜斋的重视。

乾隆年制艳友御墨

乾隆年制青圭御墨

乾隆款云汉为章笔式御墨（左） 康熙款渊鉴斋摹古笔式宝墨（右）

乾隆年制内殿轻煤御墨

③ 对刘源贡墨的仿制

康熙刘源博古墨是乾隆御墨图样的重要仿制形式之一。清康熙年间**刘源所制博古墨，现有十四种，计：敬亭、龙德、国宝、贝叶、千秋鉴、金刚塔、宋砚、太平有象、有虞十二章、水灵、唐琴、玉燧、苍璧、滕王阁**。其大小、形制、题款和装饰内容各不相同。它们主要是康熙十七年（1678）三月和五月，刘源在监督芜湖钞关任上设计并监制进呈的墨品。

刘源，字伴阮，河南祥符（今河南开封）人，徙辽阳，隶汉军镶红旗，康熙时为内廷供奉，官至刑部主事，善书画。刘源墨深受乾隆皇帝的喜爱，故多有仿制。例如遂初堂砚式墨、淳化轩寓名蕴古墨、养性殿龙德墨、古华轩有虞十二章墨、玺式云行雨施万国咸宁墨等皆有所本。甚至是四十锭墨中无殿名款者，亦是仿刘源墨中无署名的龙德、贝叶二锭墨，以备急需。

乾隆年制养性殿珍藏龙德墨

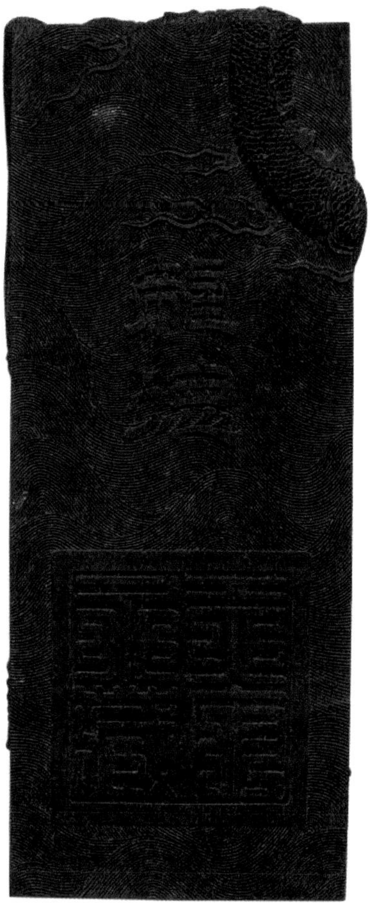

刘源贡龙德墨

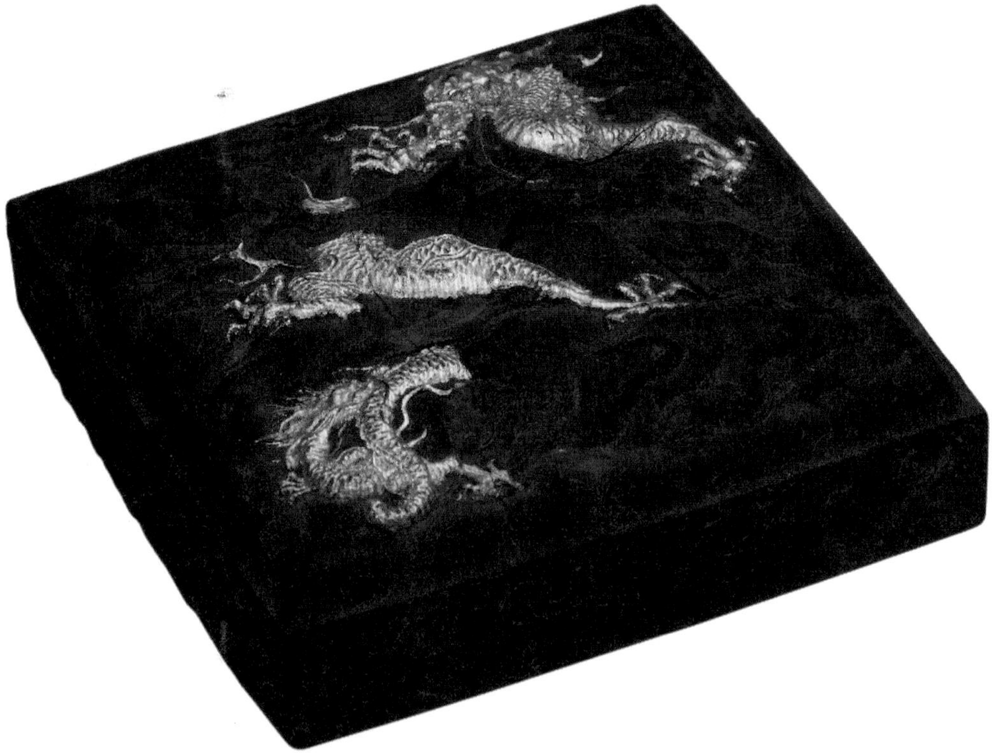

云行雨施万国咸宁（玺式）墨

④ 参考《程氏墨苑》与《方氏墨谱》

如纶阁墨、地不爱宝墨图样可见于程、方二谱。“纶阁”是中书省的代称，又指皇帝撰拟制诰之处。其墨名下有“静挹古香”印。“地不爱宝”墨，名下为“千潭月印”方印。“地不爱宝”典出孔子《礼记·礼运》，取其博大仁慈之义。

乾隆丙申年制纶阁御墨

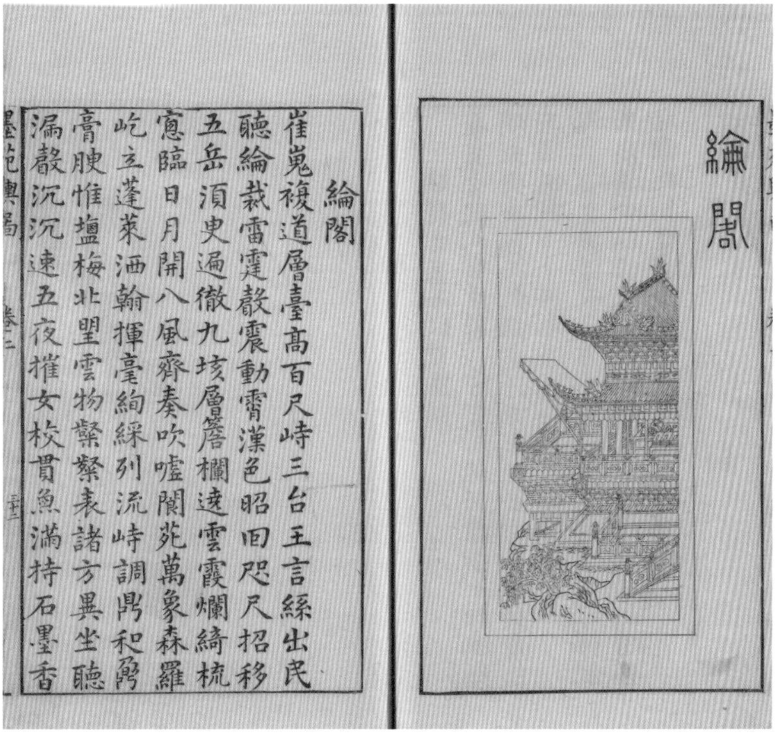
綸閣

崔嵬複道層臺高百尺峙三台王言綵出民聽綸裁雷霆震動霄漢色昭回咫尺招移五岳須臾遍徹九垓層簷欄迷雲霞爛綺杭窻臨日月開八風齊奏吹噓閬苑萬象森羅屹立蓬萊洒翰揮毫絢綵列流峙調咢和爵膏腴惟壇梅北望雲物繫繫表諸方異坐聽漏聲沉沉迷五夜推女校貫魚滿持石墨香

墨苑輿圖 卷二

綸閣

《程氏墨苑》中的『纶阁』墨样

黑丹者是已其始名載大戴禮從古尚之矣

今上躬謁山陵仁孝之至玄液素緇宜有應者不佞

故近侍之臣苑而為墨效區區艸莽之思頋為

聖明頌之

彼黑者丹玄緇汎瀾滋流坎土洞穴井榦薰爐工成

膠堅蒼瑗臣哉隣哉永以北面

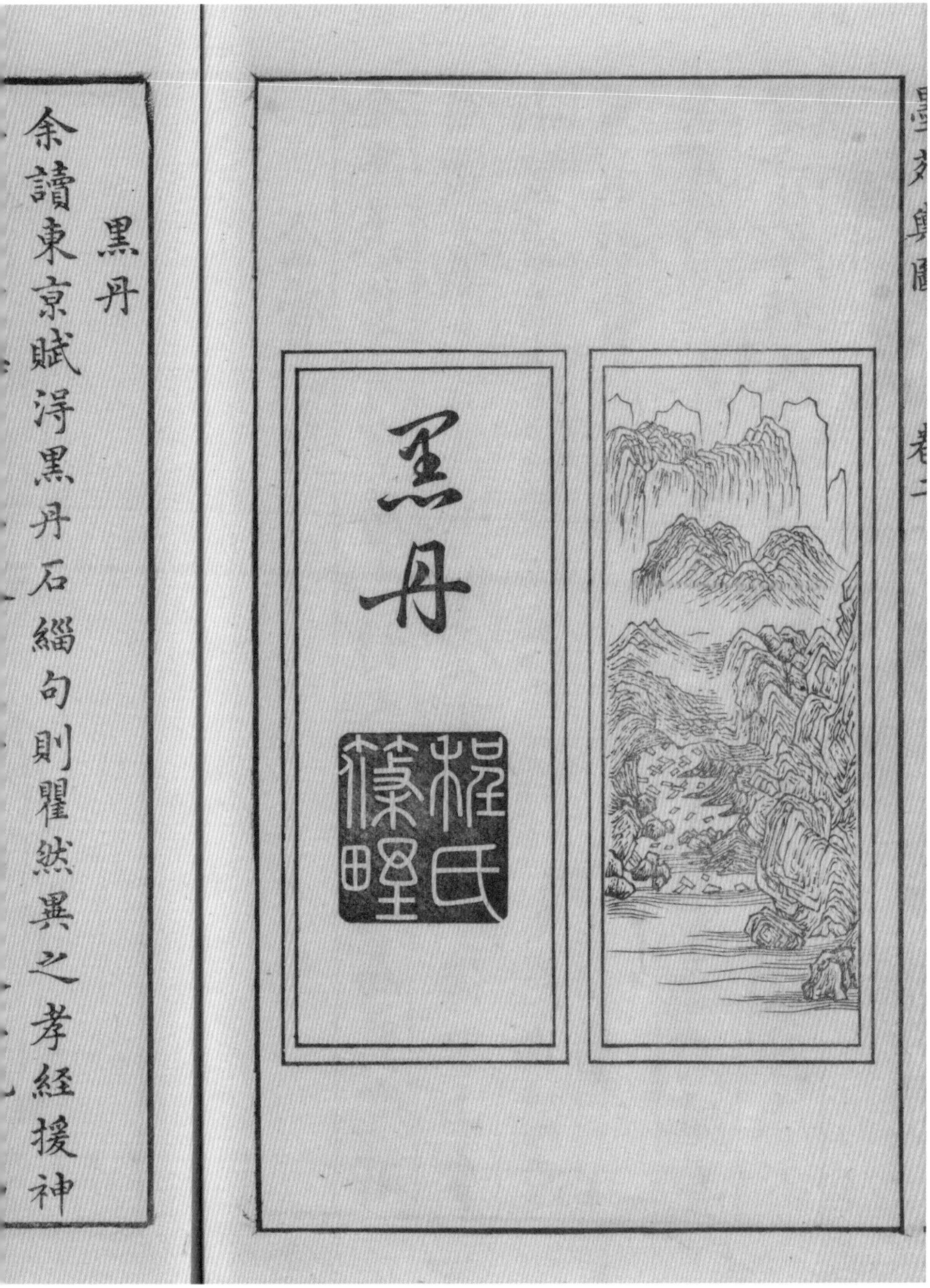

乾隆年制地不爱宝墨（左）《程氏墨苑》中的「黑丹」墨样（右）

至于云行雨施万国咸宁墨中之镜式，仿刘源镜式墨。两者皆源于《程氏墨苑》中之“云龙”墨。另外还有兰亭高会（兰亭修褉）墨、五老游河（五老告河）墨、仙山楼阁（仙居台阁）墨、归昌叶瑞（五色凤凰池）墨、天保九如墨以及七香图墨等皆可以在《程氏墨苑》中找到原型。除以上较为明显者，尚有杂珮墨、璜珮墨、珮墨等珮式墨，与程、方二谱所录墨样一致。

乾隆年制云行雨施万国咸宁墨（镜式）

乾隆年制天保九如墨

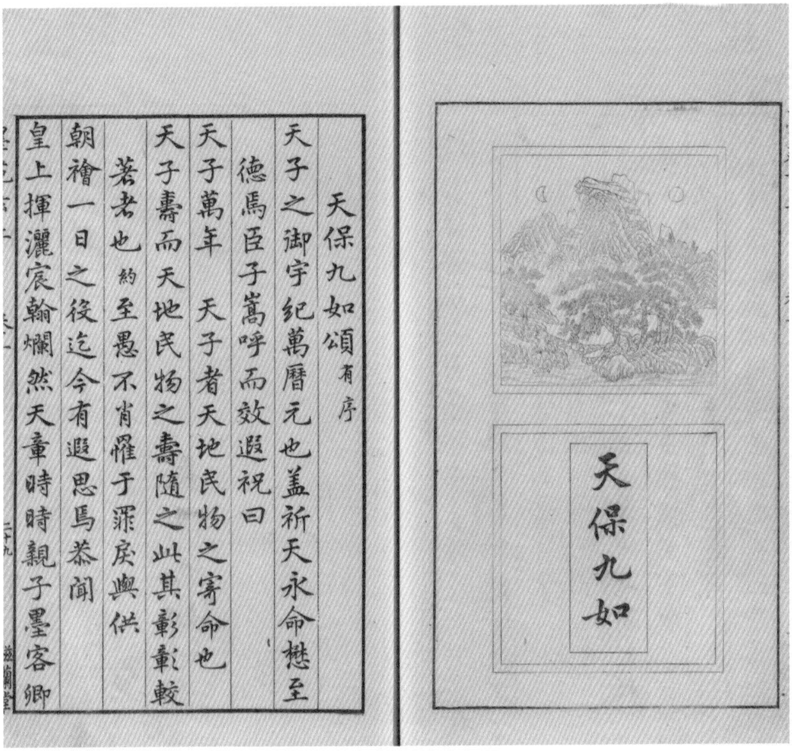

天保九如頌 有序

天子之御宇紀萬曆元也蓋祈天永命懋至
德焉臣子嵩呼而效遐祝曰
天子萬年 天子者天地民物之寄命也
天子壽而天地民物之壽隨之此其彰彰較
著者也 約至愚不肖罹于罪戾與供
朝禬一日之役迄今有遐思焉恭聞
皇上揮灑宸翰爛然天章時時親子墨客卿

二十九

滋蘭堂

天保九如

《程氏墨苑》中的『天保九如』墨樣

《程氏墨苑》《方氏墨谱》是由明代著名的制墨家程君房、方于鲁分别主持编撰的墨样辑录。

方于鲁（1541—1608）初名大激，字字行，后改字建元。明代徽州歙县（今属安徽）人。徽州制墨“歙派”代表人物之一。方于鲁早年曾是程君房家里的墨工，详尽掌握了制墨技法，后独立经营墨业。由于其制出的油烟墨墨质细腻，且十分注重墨品的表面装饰和造型生动，故而深受文人士大夫珍视和欢迎。

至清初，方于鲁墨已成为珍品。其所制代表作有“九玄三极”“鱼在在藻”“文采双鸳鸯”“天符国瑞”以及“摽有梅”“九鼎图”等，都是墨中珍品。

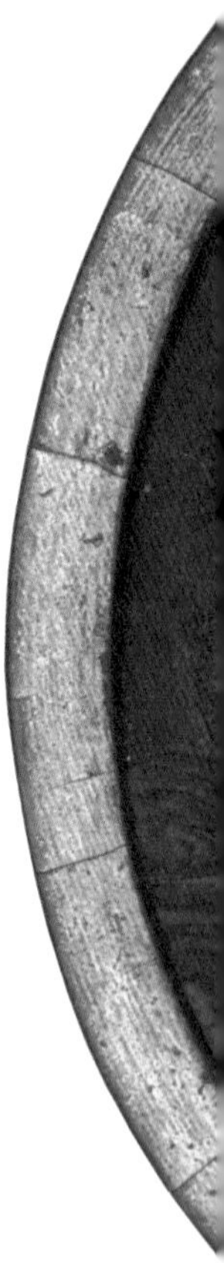

方于鲁款鱼在在藻墨

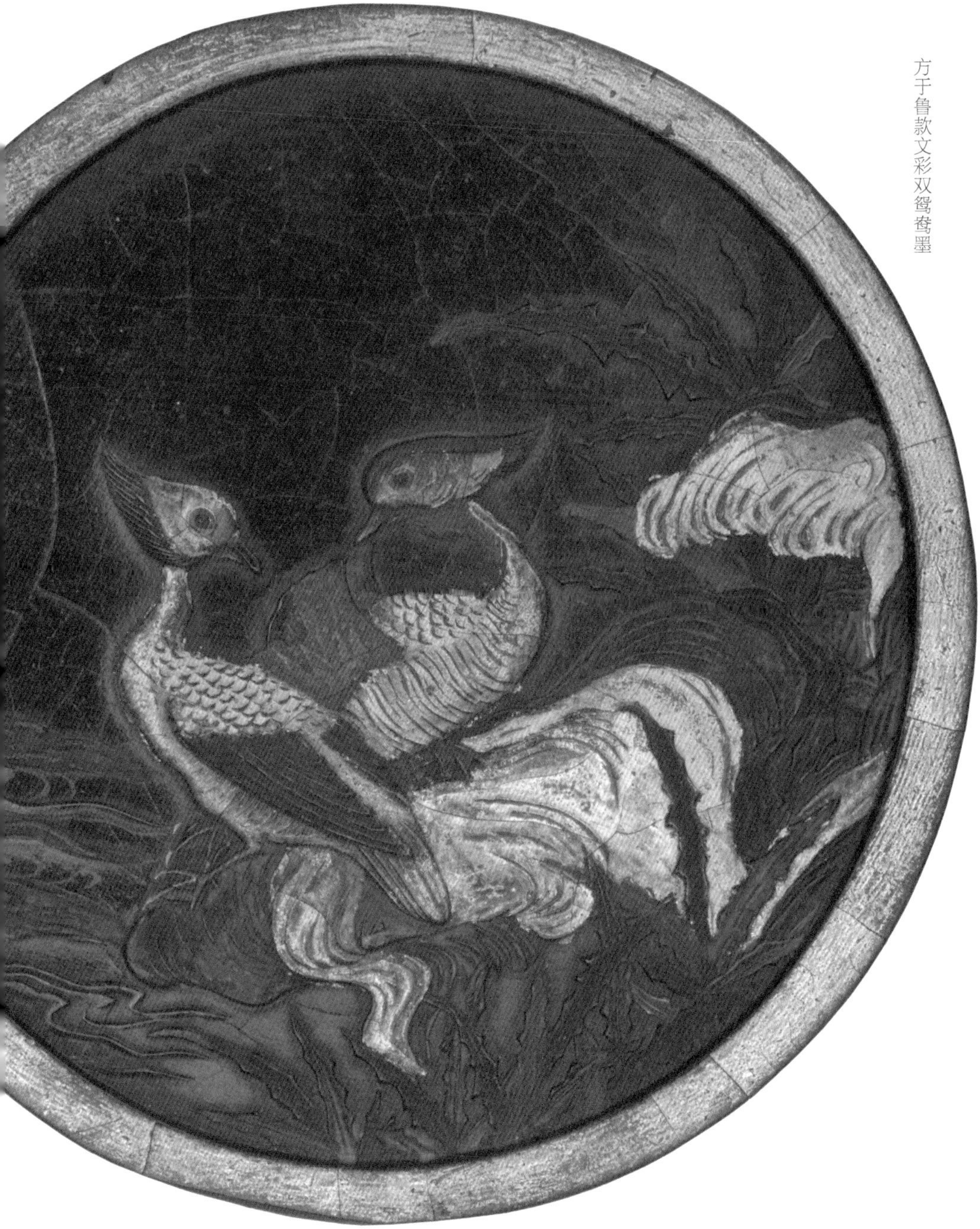

方于鲁款文彩双鸳鸯墨

程君房，主要生活于明万历年间。原名大约，字幼博，别字君房，后以字行。明代徽州歙县（今属安徽）人，墨肆名“宝墨斋”。程君房所制之墨坚实细腻，黝黑滋润。他的墨不仅质地优良，而且在款式、图案上也十分考究。程君房也因此成为当时首屈一指的制墨家。

程氏墨品中比较著名的有“玄元灵气”“寥天一”“百子图”“龙膏烟瑞”“同心结”“云来宫阙”和“归马牧牛图”“荔枝香”等，都是稀世珍品。其中“玄元灵气”被誉为第一名品。

程君房款同心结墨

程君房款荔枝香墨

明代著名书画家董其昌称赞其墨：

百年之后无君房而有君房之墨；千年之后无君房之墨而有君房之名。

程君房也自诩自己所制之墨在百年之后价值可比黄金。

明万历十七年（1589），方于鲁特制《墨谱》一书，分列国宝、国华、博古、博物、法宝、鸿宝六卷，另附题词二卷。此书由当时著名画家丁云鹏、吴廷羽等人绘图，徽派木刻名匠黄德时、黄德懋等刊刻，又请当时名流为之书题墨名与诗铭。这些图谱涉及人物、动物、神话、传说、历史等内容，共385式。该书图文并茂，具有极强的装饰美感，进而使明代徽州墨模造型艺术达到一个全新的水准。

在方氏编订《墨谱》之后，程君房亦以其墨编为图谱，同样聘请著名画家丁云鹏以及雕刻名工黄氏兄弟诸人，刊刻《墨苑》十二卷，试图从徽墨图样的种类、数量以及文人题赞等方面全力碾压《墨谱》。此书分玄工、舆图、人官、物华、儒藏、缁黄六类，另附人文爵里，包括时人投赠的诗文上百篇。《墨苑》中有五百余式墨，其图案包括山川、动物、花卉、神怪、器物等，体现了时人对天、地、人文、万物的崇拜。程、方两人因结隙而以名相轧，客观上促进了当时徽州制墨业进入辉煌时期。

3. 小结

总之，弘历在利用太上皇宫收集宝物的同时，表达着自己对先人、先贤、先圣的顶礼膜拜。

清宫制作的御用墨品，作为必备的文房陈设之一，已经作为专门的陈设品而存在。其设计图样来源广泛，与弘历对各殿宇的命名规律相同，虽在表面上反映了其隐逸思想，但是在实质上仍体现了他对权力与财富的独揽与排他。

更重要的是，他还要以此表达对前人的彻底超越。因而在制墨一事上，他要在制墨原料上囊括一切世间已有之大成，甚至要汇聚以往一切之墨品造型和纹样，从而制出他最满意的墨品，同时在造型艺术上涵盖古今。以墨云室墨为代表的宁寿宫集锦墨的出现，充分说明乾隆博古墨的制作，一方面深受古代墨品形制的影响，另一方面在制作风格上又不拘一格。

这些具有明确政治寓意的乾隆御墨，在表面上是为皇家建筑空间的实际用途量身定做的，但在实质上反映了帝王政治抱负与文人意趣相结合的双重意象，不仅适于隐世与出世，而且可以将两种目的有机融合于一体，有着极为强烈的象征主义色彩：一是对传统制墨中的技术理念，以及对宫廷建筑命名模式的创新与发挥；二是对于历代王朝治乱兴衰规律的总结，同时可以诠释和传达弘历内心希冀双全福寿及养心与养性的愿望。

太上皇生活

第五章

歲值泰平春
臣董誥敬書

乾隆六十年(1795),85岁的乾隆皇帝禅位给十五皇子永琰(颙琰),实现了他即位时许下的诺言。

乾隆三十七年(1772)开始整修宁寿宫区域,三十八年(1773)秘密立储,四十二年(1777)整修工成,四十三年(1778)对外宣布归政之期。时间联结甚是微妙,已然到了急不可待的地步。

最终,禅位大典于乾隆六十一年(1796,即嘉庆元年)的元旦,在紫禁城太和殿举行。这一天凌晨子时,作为太上皇的弘历在除夕夜将嗣位的嘉庆皇帝召至养心殿,在循例举行**元旦开笔仪式**的同时,专门教授其子元旦明窗开笔的仪典。

这是父子俩第一次共同参与的开笔仪式,乾隆皇帝把开笔的流程和御用的三件礼器正式传给嘉庆皇帝。嘉庆皇帝在丁卯年(1807)的御制诗《元旦试笔》中提到"**玉烛金瓯祖考贻,明窗试笔迓鸿禧**"两句时回忆:

养心殿元旦开笔之典,始于皇祖,而皇考继行之。予于乙卯宣谕立为皇太子,即蒙召至养心殿东暖阁明窗,教以先朝留贻例典及开笔御用法物。……于每岁元旦子刻,即躬御是处。案设金瓯一,中注屠苏;玉烛一,手引发光。先御朱毫,后染墨翰,其笔管端镌字曰"万年青",管曰"万年枝",各书吉语数字,以祈一岁之政和事理;复进本年时宪书,浏览一通,以寓授时省岁之义。诸器物经用毕,皆一一手为料检,饬司事度藏,其仪详备如此。

大权独揽的太上皇

乾隆皇帝归政后又做了三年的太上皇。
弘历禅位是否出于真心？
是他沽名钓誉，还是其骨子里仍贪恋权力
太上皇的弘历继续把持着王朝的决策，
而嘉庆皇帝却每天只能在自己的老父亲面前听他训政。
这段时间嘉庆皇帝是一个毫无权力的傀儡皇帝吗？
嘉庆皇帝从被宣布立为皇太子，到正式登基仅三个月。
其从一个普通皇子一跃成为大清皇帝，
在朝政上一无经验，二无心腹。
最后几年，整个乾隆盛世处于崩塌边缘。
为了能够将一个国泰民安的王朝交到儿子手中，
弘历的训政其实对于嘉庆皇帝稳定皇权有着重要的帮助。
乾隆皇帝对于王朝强烈的责任心，
使他必须担当起训政这个责任。

1. 长寿的祈愿

弘历归政后，过了 3 年的太上皇生活。宁寿宫是他的退养之地，体现他对于长寿的祈愿。四十一年（1776），在太上皇宫落成之时，踌躇满志的弘历率领群臣至宁寿宫区，作《经筵罢因至宁寿宫》诗。在这首诗中，弘历首次透露出了他要活到一百岁的愿望。他向众大臣解释，太上皇宫之名沿袭了康熙时的旧名，是希冀自己归政后能活到一百岁。他希望在那时给自己人生画上一个圆满的句号。

嘉庆二年（1797），87 岁的弘历最后一次来到乐寿堂，欣然挥笔写下《新正乐寿堂》诗一首。

在诗中，他称自己即位以来，在养心殿居住 60 余年，没有出现什么差错。故希望自己能够一如既往在养心殿训政。如今年近九旬，身体康健，但能否活到 100 岁不是他说了算的，所以他只能“惟敬待天恩”，如果有幸，即会迁居宁寿宫以享天年。

碧玉交龙纽『十全老人之宝』

但弘历毕竟是一位帝王，他心目中的归隐与古代乱世文人逃避现实的归隐有着本质的区别。宁寿宫虽已建成，但此地并不是自己现在就可以随心所欲的。

在他的心中，饮酒酬唱，赏风赏月，观戏怡情，那是归政后才享受的事。他从小就立志要像大舜那样，做一名大德者。据说大舜之伟大，在于其虽贵为天子，富有四海，却能与民同甘苦，整年为百姓辛劳，一点也不为自己考虑。因而**一个人公而忘私方为大德，大德者必长寿。这才叫真正的“乐善”**。正因为大舜到老还勤于政事，直至天下太平，且自身年老不胜政事之辛劳时才让位归政。所以弘历说，他只有像大舜那样，才可以放下重担而去享受真正的快乐。

弘历的榜样还有西周初年的周公姬旦。姬旦曾以辅佐周成王名垂千古。他要像周公那样，虽然退位，但需继续辅助年轻的继承者。此时，嘉庆皇帝刚初登大宝，用人理政还不如他那样有经验；况且自己精神强健，怎么能够忍心贪图享乐呢？故而训政筹谋，待嘉庆皇帝熟练掌握了治理国家之道时，自己再放心归政。

这不仅是嘉庆皇帝的福气，也是弘历自己的福气，更是天下臣民的福气。

他需要向世人昭示：即便对古代文人雅士的隐逸之举特别向往，但是作为帝王，他又必然有所克制，其一言一行不能任由性情左右。他反对类似“竹林七贤”的放浪生活。弘历抑制自身的欲望，想尽心尽力做好治理国家的大事。他名为归政，实非退位，只不过是变亲政为“训政”而已。

2. 时刻自醒

中国古代两千多年封建帝王史，尊称太上皇者代不乏人，然而弘历是太上皇队伍中绝无仅有的佼佼者。

既然他要继续掌握权力，那么，历史上像汉高祖的父亲刘太公和唐代的太上皇们（高祖、睿宗、玄宗）等，都不是他学习的榜样，也不值得称赞。

弘历尤其喜欢对李后主、宋徽宗等人大肆嘲讽，认为他们玩物丧志，不配称为帝王。因为他们在位期间，国家正值多事之秋，当励精图治，他们却图一己之逸乐，而不顾国计之轻重，未及耄期，急图内禅，其人实不足取，为我所深薄者。

在其看来，做一位像尧舜那样一生勤勉且有所作为的明君，要比具有能书善画的专业水准，更加困难。除了他收藏的墨品外，弘历还热衷于在砚台上题诗，不断强调“万幾余暇”，除了有慎戒之意，还有将这些器物当作过眼烟云的意味。

这种敬畏天命、思贤若渴、励精图治、问民疾苦的远大抱负，以及避免像宋徽宗那样劳民伤财、荒淫怠政而自取败亡的自我警诫，在他的相关文具诗中比比皆是。

他不厌其烦，反反复复指出殷鉴不远，即帝王不能像《旅獒》中所叙述的那样沉溺于玩物。这些诗文多处用典故，几乎都是儒家文化中最积极向上的一面。通过典故，弘历把自己内心深处的追求与居安思危联系在一起，进而成为其承天理、治国家的教化工具。

3. 继续掌握权力

嘉庆尽管已经继位，但是并不能独断朝纲。这是因为他在成为皇太子之后，曾被其父带去蓟州（今天津市蓟州区）朱华山，祭拜他的二哥永琏。弘历刻意强调这次祭拜并不是嘉庆以弟弟身份祭拜兄长，而是以君臣之礼祭拜。弘历让他去祭拜永琏，是想让他明白，永琏才是弘历心目中最属意的皇位继承人选，而嘉庆的皇位是永琏“让”给他的。

再者，弘历还有一层意思，他就是想告诉嘉庆：皇位继承人并不只有你一个，我能立你为太子，也能将你废掉而改立永瑆。因为永瑆的能力不比他差，他是颙琰最大的政治威胁。

此时的颙琰名义上是皇帝，可最高决策权仍由太上皇掌握着。即便他是皇帝，却依然还住在皇子时期所住的毓庆宫中。此时养心殿还是由弘历训政，宫中仍使用乾隆纪年。甚至在宫中铸钱时，也是铸“乾隆”“嘉庆”年号钱各半分。

正如太上皇对朝鲜使臣所说：**虽然归政，“大事还是我办”**。此时，嗣皇帝的头等大事便是保住皇位，于是嘉庆竭尽奉养唯命是从，无所作为。弘历只是把那些因为自己年老而不愿应付的各种烦琐的朝廷具体事务，如祭祀和礼仪活动等，交由嘉庆办理。弘历这种心态，也造成了嘉庆继位之后的尴尬：他只能“侍坐太上皇侧”，日日上演着“上皇喜则亦喜，笑则亦笑”的戏码。

作为一个名副其实的傀儡皇帝，嘉庆帝成功地给乾隆帝及和珅造成缺少主见且少有担当的印象。

歲值泰平春

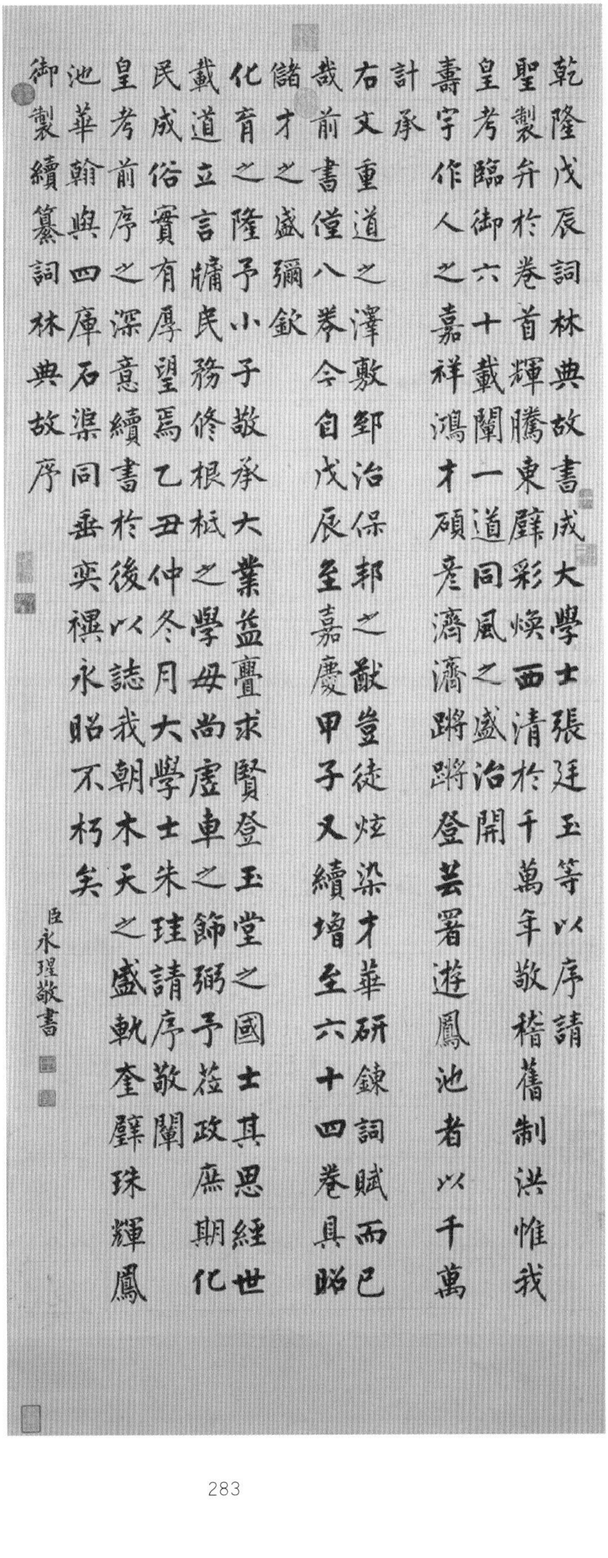
乾隆戊辰詞林典故書成大學士張廷玉等以序請
聖製弁於卷首輝騰東壁彩煥西清於千萬年敬稽舊制洪惟我
皇考臨御六十載闡一道同風之盛治開
壽宇作人之嘉祥鴻才碩彥濟濟蹡蹡登芸署遊鳳池者以千萬
計承
右文重道之澤敷郅治保邦之猷豈徒炫染才華研鍊詞賦而已
哉前書僅八卷今自戊辰至嘉慶甲子又續增至六十四卷具昭
儲才之盛彌欽
化育之隆予小子敬承大業益亹求賢登玉堂之國士其思經世
載道立言牖民務修根柢之學毋尚虛車之飾猶予蒞政庶期化
民成俗實有厚望焉乙丑仲冬月大學士朱珪請序敬闡
皇考前序之深意續書於後以誌我朝木天之盛軌奎壁珠輝鳳
池華翰與四庫石渠同垂奕禩永昭不朽矣
臣永瑆敬書
御製續纂詞林典故序

永瑆楷书《御制续纂词林典故序》轴

不仅如此，从父子所咏的文房四宝诗中亦可见二人的差异。例如弘历曾题写过《御制咏文房四事》诗卷，后被嘉庆抄写。

其中的咏墨诗曾被题在署有殿名款的御墨上。此套墨除首锭“御制咏墨诗”（养性殿）墨外，其他各锭墨品之上皆有题诗，即“与茶奚必较新陈”（延趣楼）、“用佐文房孰比伦”（蕴真斋）、“历历千言照今古”（含经堂）、“超超六法显精神”（乐寿堂）、“唤卿呼子谓多事”（古华轩）、“玩日惕时斯枉珍”（敬胜斋）、“磨尽思王才八斗（抑斋）”、“依然研北此龙宾”（颐和轩）八句诗文。

另一面则为煮茶、文友、藏书、作画、教子、时光、苦思、龙宾等幽林雅居图。文图相映，别有情趣。

其中第一句“与茶奚必较新陈”为著名历史典故“茶墨俱香”的延伸。据说北宋文学家、书画家苏轼在一次斗茶比赛中得“白茶第一”，史学家司马光说：

茶与墨两者正好相反，茶欲白墨欲黑，茶欲重墨欲轻，茶欲新墨欲陈。

御製詠文房四事

筆

毛穎中書代汗青懷提較便著元經散開縷縷
都無用轃合頭頭却有靈豈必趙毫方妙品空
傳和璧失常形結繩上古殊難復東下長江那
得停

硯
筆出後方硯有資瓦陶銀鑄是輪椎割雲鑱玉
遂紛矣類月涵星屢幻之功每不居純德具靜
恒為用永年宜手惟一耳多何益坡老名言可
繹思
紙
漵布麻頭古瓶製後来側理意猶存銷金鋪玉
巧滋甚踵事增華世可論卷退放彌符易藴月
将日就詠詩敦吾惟圖易思艱切白簡誰當進
讜言
墨
與茶奚必較新陳用佐文房孰比倫歷歷千言
照今古超超六法顯精神喚卿呼子謂多事玩
日愒時斯枉珍磨盡思王才八斗依然研北此
龍賓
四藏書屋詠文房四事有序
文房四事中墨硯入古紙入古者已罕見
而筆則不入古此堅脆之分也然四者如
乾之四德與地之四方豈可闕一哉茲得
明雕漆匣恰宜置文房四事於中而藏於
書屋因即以名之蓋向之詠詠其事也向有詠文房四事詩
令之詠詠其藏也事雖同而意各
殊因為之序
久為草語豈無稽俗云墨久為寶筆久為草蓋不以為珍也四事文
房要欲齊燥濕得宜收亦易簪濡有藉用休擣
文當斥艷方遵軌書在藏鋒似印泥懷素祗稱
珍敗物豈如硯匣伴玻瓈徐陵玉臺新詠序云琉璃硯匣按魏書天竺國人能鑄石為玻瓈又潛確類書言玻瓈出南番與水精相似其用藥燒者入手輕有氣眼與流璃相似是瓈之所言流璃

實即玻瓈而玻瓈質尤精云

右藏筆

入譜舊新二百收兹藏惟一取其尤（入西清硯譜者舊藏新獲凡二百枚兹所藏錢惟善玉堂硯一枚為續入硯譜中之尤精者）聚於所好其非謬受不欲多已却羞（此語即檃括辛丑銘此硯語）緬彼玉堂曾抽秘弆斯漆匣伴寘搜詠之銘者難屈指磬折名言蘇與歐（物聚於所好歐陽脩之語也蘇軾有真硯不損真手不壞之語亦最為精到）

右藏硯

硯墨堅而筆紙脆脆難（謂筆紙）堅易（謂硯墨）故殊藏雖然四事寧容闕亦弗百番自詡強即此玉堂（謂即同弆匣內錢惟善之玉堂硯）原是宋詎如金粟乃貽唐（今匣中所藏者唐時金粟牋較之宋時金花牋明時宣德紙堅緻瑩滑尤為精妙）祇慙腕弱兼無瑕繭紙風流合讓王

右藏紙

非人磨墨墨磨人猶有磨馬義未臻兹以兩枚藏厥用恰同十翼顯諸仁厭他五色誇奇品（明代御墨有五色者）喜此元霜惬素珍著得水天爻上六由来不速得龍賓

右藏墨

子臣永琰敬書

宣統御覽之寶

乾隆年制养性殿藏『御制咏墨诗』墨

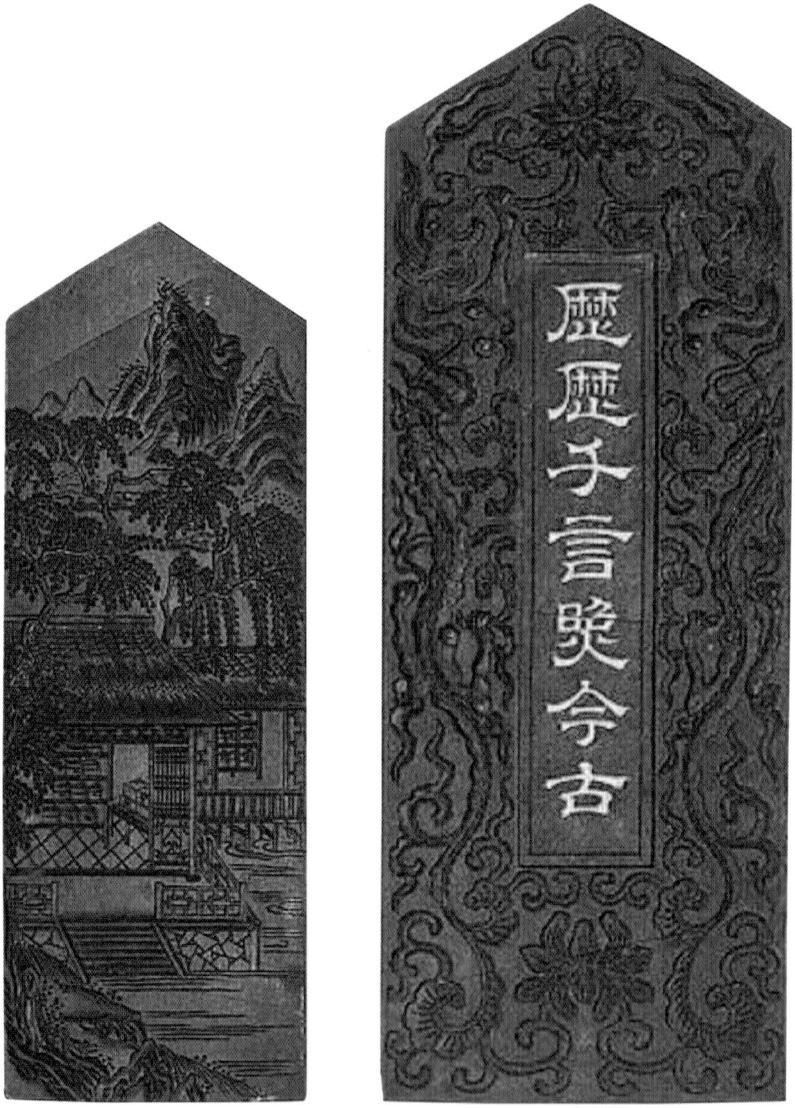

乾隆年制含经堂珍藏历历千言照今古墨

乾隆年制乐寿堂珍藏超超六法显精神墨

乾隆年制颐和轩珍藏依然研北此龙宾墨

东坡笑而答曰：

奇茶妙墨俱香。

“茶墨俱香”遂被后人传为美谈。“比伦”，匹敌。“六法”，中国画术语。“玩日愒时”，即玩时愒日，谓贪图安逸，旷废时日。“思王”，三国诗人曹植，字子建，谥思。“八斗”，是南朝诗人谢灵运称颂曹植时用的比喻。

谢灵运说：

天下才有一石，曹子建独占八斗。

由此可知，《咏文房四事》诗的意思是：好的墨品，不用跟茶一样必须比较是新的还是陈的，只有在书房里用来写字画画才能看出谁好谁坏。用它写下的万语千言留存古今，用它画出的画显示着事物的精神面貌。我招呼大臣、孩子们来欣赏这块墨，可算是多事，整天小心谨慎地把玩当宝贝是没有用的。把它研磨了用来学习，才能像曹植一样有八斗才华。

嘉庆因循守旧。除了他题有楷书乾隆《咏文房四事》诗卷外，自己还写有《文房四咏》诗卷，亦步亦趋地模仿乾隆御墨。

其墨一面光素，面额一珠，两龙拱之。中“御制咏墨诗”五字，楷书阴识填金。背有诗文：

墨卿用益多，文房作良辅。十二列龙宾，宝辉掞天府。松根结紫烟，馥郁光华吐，研磨展宏勋，洗涤阙堪补。石友佐成功，相投滴水乳。

墨卿，墨的戏称；文人的别称；良辅，良好的助手。掞，普照。馥郁，形容香气浓烈。石友，情谊坚如金石的朋友，此指砚。水乳，比喻友情融洽无间。

与弘历诗文相比，嘉庆的咏墨诗只是对墨的基本制作技艺与文房功能进行再次阐述，并未在诗中提出更为深刻的引申含义，更无多少对典故的运用和在哲学意义上的发挥。

弘历的诗文却不然。他站在一个很高的高度上，不仅熟练地使用各种历史典故，而且借典故表明自己要**“茶墨俱香”**，即知人善任、不拘一格、任人唯贤。

不仅如此，他还有因玩物而丧志的危机感。在此基础上，他立志要不断进取，刻苦学习，即便他已经是一个高龄的老人。父子相较可见，嘉庆资质比较平庸，勤勉有余，创新不足，缺乏破与立的勇气，更无傲视古今的气魄与成就大事的决心。

御製詠墨詩
墨卿用益多文房作良輔十二列龍賓寶輝
揆天府松根結紫烟馥郁光華吐研磨展宏
勛洗滌闕堪補石友佐成功相拨滴水乳

毫无建树的后继者

『宜入新年，万事如意。
三阳开泰，万象更新；
和气致祥，丰年为瑞。』
大约在乾隆二十五年，
弘历的霸业初定。
既然他已经没有新的政治追求，
那么懈怠之气随即不可避免。
从乾隆二十七年开始，
他的元旦开笔吉祥话变成了固定不变的二十四个字。
开笔内容的固化，
是乾隆皇帝怠惰倦政、思想僵化的标志。

有学者认为，清宫元旦开笔吉语内容的固化是乾隆皇帝怠惰倦政、思想僵化的标志，从中可以看到清朝社会由盛而衰的根源。乾隆二十五年（1760），此时的他已经五十岁了。奠定和巩固了清朝的基本版图，其内心对于皇朝霸业功定的兴奋已不可遏抑。当其再也没有新的追求时，懈怠之气不可避免地产生了。在这年的元旦开笔中，他写道**“二十五年元旦，天下太平，万民安泰”**以及**“和气致祥，丰年为瑞”**和**“武成功定，休养生息”**。

这种思想一经产生，便一发不可收拾。从乾隆二十七年（1762）开始，在元旦开笔中，除笼统的吉祥话外，再未有任何新的目标和祈求，而且形成了固定不变的24个字：**宜入新年，万事如意。三阳开泰，万象更新；和气致祥，丰年为瑞。**

这背后传递的是最高统治者指导思想的变化。此时的他，志得意满，思想开始僵化。在极端专制的时代，清朝皇权的高度集中与强化起决定性作用。作为最高统治者，皇帝的一言一行，深深影响着当时的社会。

从此，社会弊端开始快速积累，前进的步伐也就逐渐停滞。

嘉庆帝是一位勤政图治的守成君主，强调要遵循"祖宗成法"，以维系封建统治的延续性，乾隆时期的一切似乎都以其惯性在嘉庆朝向前滚动。裴朝辉在《嘉庆皇朝——宫廷艺术的黄金分割点》一文中认为嘉庆帝的字，深得颜体雄浑、开阔之精髓，写得端庄雄强，古雅纯和，气足神闲。作品用笔方圆相兼，圆聚有力。点的姿态或俯或仰，或向或背，左顾右盼，随字异形，生动而稳重，给人以用笔灵活、沉着稳妥的感觉。横书一般都重起重收，中间稍细，两边向上微凸。用笔提按不露猛烈之影，虽中和而不弱、静美而不滞，积雄健为内势，化刚柔为一味。嘉庆四年（1799）正月，即他亲政之初，就宣称：

嗣后一切政务，悉应仰体皇考圣意。

而嘉庆的元旦开笔，同样也是中间朱书"**嘉庆元年元旦良辰，宜人新年，万事如意**"，两侧墨书"**三阳启泰，万象更新**""**和气致祥，丰年为瑞**"。

整个开笔的书写及遣词用句，的确是“谨遵皇考成例”，没有任何变化。其后诸帝也都谨遵成例，不敢稍有变更。

这也是嘉庆帝才智平庸的一个表现。

嘉庆帝所处的时代已是百弊丛生、腐败不堪、积重难返的历史时期，在其亲政后，应该要有为扭转这种颓势而长期治理、严格执法的思想准备。可是，嘉庆帝在其整治内政的过程中却暴露出不敢逾越祖宗之法、维护传统的封建宗亲关系和为政失之过宽的弊病，无法对乾隆时代的政事弊端进行全面的整顿，也无法提出行之有效的施政纲领，继续在旧有框架下“打转转”。

嘉庆帝对于糟糕的时局束手无措，在法制基本无效的大前提下，只得以人心不古为幌子，强调道德的作用，故而在选用官吏上只得遵循“德才兼备”表面文章。如果两者不能兼顾，则宁要德而不要才，重视官吏清廉正直、谨慎诚信的君子操行。这种逃避现实的用人思想和主张，面对着乾隆留给他的那样一个积弊已深的政局，嘉庆亲政后的一系列措施只能以失败告终。

嘉庆朝上承乾隆，下启道光，有些艺术品若不署款，与乾隆朝极难区分。再到晚清同治、光绪、宣统时期，几个小皇帝更加平庸无能。其开笔吉字大都是由大臣提前拟好后，再由小皇帝抄写的，连吉字的内容寓意，他们可能都还不十分明白，更谈不上有新的祈望和目标了。

和归政以前相比，因为有不少礼仪活动已被嘉庆所分担，弘历肩上的担子还是大有减轻。因而，在处理要务之外，他的空余时间相对增多。

追忆往事，是弘历静坐沉思的主要思想活动之一。

他常常回忆起自己的童年生活：想起自己如何在父亲面前一字不漏地背诵经书；秋狝时，祖父如何开枪打死正在向自己疯狂扑来的大熊，又是如何夸奖自己的聪慧和称自己的母亲是有福之人。

一切的一切，都是那样的宛然如昨，历历在目，令人难以忘怀。

也许，在临终的那一刻，他还在回忆自己的过往。不知那一刻，他是否会认为，自己将近90年的经历，其所做的一切，已经超越了自己的祖父和父亲。

那一刻，他是否还有遗憾，是否可以欣慰。

参考文献

[1] 孔齐 . 至正直记 [M]. 北京：中华书局，1991.

[2] 沈继孙 . 墨法集要 [M]. 长春：吉林出版集团有限责任公司，2005.

[3] 沈德符 . 万历野获编 [M]. 北京：中华书局，1959.

[4] 唐秉钧 . 文房肆考图说 [M]. 北京：书目文献出版社，1996.

[5] 弘历 . 清高宗乾隆御制诗文全集 [M]. 北京：中国人民大学出版社，1993.

[6] 中国第一历史档案馆，香港中文大学文物馆 . 清宫内务府造办处档案总汇 [M]. 北京：人民出版社，2005.

[7] 顾嗣立 . 元诗选 [M]. 北京：中华书局，1987.

[8]《墨谱集成》编委会 . 墨谱集成 [M]. 西安：三秦出版社，2006.

[9] 文渊阁四库全书 [M]. 中国台北：台湾商务印书馆 .

[10] 续修四库全书编委会 . 续修四库全书 [M]. 上海：上海古籍出版社，2002.

[11] 桑行之，等 . 说砚 [M]. 上海：上海科技教育出版社，1994.

[12] 桑行之，等 . 说墨 [M]. 上海：上海科技教育出版社，1994.

[13] 中国大百科全书编委会 . 中国大百科全书 : 文物・博物馆 [M]. 北京：中国大百科全书出版社，1993.

[14] 章乃炜，等 . 清宫述闻 [M]. 北京：紫禁城出版社，2009.

[15] 周绍良 . 清墨谈丛 [M]. 北京：紫禁城出版社，2000.

[16] 朱友舟 . 中国古代毛笔研究 [M]. 北京：荣宝斋出版社，2013.

[17] 蔡玫芬 . 墨云室里的李廷珪墨 [J]. 中国台北故宫文物月刊，1990(92)：95–117.

[18] 常建华 . 康熙制作、赏赐松花石砚考 [J]. 故宫博物院院刊，2012(2)：6–20.

[19] 陈连营 . 略论嘉庆帝的用人思想 [J]. 史学月刊，1999(2)：30–34.

[20] 陈晓东 . 御笔龙笺书福字 江山永固寄吉语——清宫年俗御笔书福与元旦开笔 [J]. 文史知识，2019(1)：3–14.

[21] 胡东波 . 合肥出土宋墨考 [J]. 文物，1991(3)：44–46.

[22] 金路 . 国泰民安迎万禧，家蒙福扯纳康宁——清代皇帝的新年寄语 [J]. 紫禁城，2019(1)：40–47.

[23] 李国荣 . 乾隆的太上皇生活 [J]. 领导文萃，1996(8)：95–98.

[24] 李尚英 . 嘉庆亲政 [J]. 故宫博物院院刊，1992(2)：40–44.

[25] 林欢 . 河北制墨技艺在中国古代工艺史上的地位 [J]. 文物春秋，2012(1)：26–33.

[26] 林欢 . 故宫博物院存《西清砚谱》著录砚 [J]. 文物天地，2022(7)：10–21.

[27] 林欢 . 关于乾隆宁寿宫集锦墨（40 锭）的几个问题 [M]// 故宫博物院 . 紫禁城建成 600 年暨中国明清史国际学术论坛文集（下）. 北京：故宫出版社，2022：1439−1454.

[28] 林欢 .“龙香”墨考 [J]. 中国国家博物馆馆刊，2012(3)：56−63.

[29] 林欢 . 罗龙文的制墨成就 [J]. 故宫学刊（第 14 辑），2015：55−67.

[30] 林欢 . 墨上的繁华旧梦——胡开文与集锦墨 [J]. 紫禁城，2012(8)：108−119.

[31] 林欢 . 乾隆朝“造办处”档案中所见清代宫廷御砚的整理活动 [C]// 上海博物馆 . 砚学与砚艺学术研讨会论文集 . 上海：上海书画出版社，2016：292−320.

[32] 林欢 . 乾隆时期宫廷御墨包装初探 [J]. 故宫博物院院刊，2014(3)：113−121.

[33] 林欢 .“药墨”史话——从胡开文“八宝五胆药墨”谈起 [J]. 中医药文化，2013 (1)：28−33.

[34] 林欢 . 元代制笔业发展述略——从《元五家赠笔工范君用册》谈起 [M]// 南京大学元史研究室 . 元史及民族与边疆研究 (第 29 辑). 上海：上海古籍出版社，2015：90−110.

[35] 罗扬 . 清代宫廷工艺美术设计大师刘源及其作品 [J]. 收藏家，2012(9)：15−19.

[36] 裴朝辉 . 嘉庆皇朝——宫廷艺术的黄金分割点 [J]. 艺术市场，2007(9)：16−19.

[37] 王盼 . 清代皇宫的热闹年 [J]. 中华民居，2019(1)：17−30.

[38] 王子林 . 皇宫与乾隆的期颐之梦 [J]. 紫禁城，2018（2）：148−156.

[39] 王子林 . 宁寿宫花园通景画考析 [C]// 中国档案出版社 . 清代档案与清宫文化——第九届清宫史研讨会论文集 . 北京：中国档案出版社，2010：

279-290.

[40] 王子林 . 宁寿宫花园主题考释 [C]// 中国紫禁城学会论文集（第 6 辑上），2007：65-97.

[41] 王子林 . 乾隆太上皇宫陈设考 [J]. 故宫学刊（第 18 辑），2017：123-166.

[42] 王子林 . 乾隆太上皇宫宁寿宫的营建与理想 [M]// 故宫博物院 . 多维视野下的清宫史研究 . 北京：现代出版社，2013：437-468.

[43] 王子林 . 仙楼佛堂与乾隆的“养心”、“养性”[J]. 故宫博物院院刊，2001(4)：33-40.

[44] 王子林 . 养心殿仙楼佛堂及唐卡析 [J]. 故宫博物院院刊，2002(3)：28-40.

[45] 王子林 . 养心殿新证 [J]. 故宫学刊，2016(第 17 辑)：199-220.

[46] 魏克威 . 嘉庆时期的内政改革和失败 [J]. 长春师范学院学报，1998(2)：24-28.

[47] 伍媛媛 . 皇家记忆 紫禁城里的大年 [N]. 天津日报，2021-02-08(10).

[48] 许晓东 . 金瓯永固，玉烛长调：清帝元旦试笔御用之金杯、烛台 [J]. 收藏家，2011(7)：53.

[49] 杨文概 . 敬胜斋与《敬胜斋法帖》石刻廊 [M]//. 中国紫禁城学会论文集（第 3 辑），2000：153-160.

[50] 又冉 . 紫禁城里年味浓 [J]. 百科知识，2020(1)：4-13.

[51] 章宏伟 . 清宫如何过大年 [J]. 寻根，2021(1)：74-85.

[52] 邹爱莲 . 从“元旦开笔”看清帝治世思想的变化 [N]. 中国文化报，2013-05-27(7).

[53] 周乾 . 驱疫贺岁饮屠苏 紫禁城里的新年礼俗 [N]. 科技日报，2021-02-

05(8).

[54] 周炜文 . 精在体宜妙在笔管——清宫御笔题铭赏析 [J]. 收藏家，2020(12)：71–76.

[55] 朱诚如 . 乾隆建储与训政述评 [J]. 故宫博物院院刊，2000(4)：1–11.

[56] 朱杰 . 长春园淳化轩与故宫乐寿堂考辨 [J]. 故宫博物院院刊，1999(2)：26–38.

后记

本人自入职故宫博物院，开展关于中国古代文具的保管和研究工作以来，迄今已有十几年时间。其间深知中国传统文化的博大精深以及自己学识、研究资质等条件的不足。原因在于本人对于不少相关的背景知识尚未了解，对古人先贤的很多想法视而不见。这方面与自己熟悉的同事们相比，差距甚大，因此时常倍感压力。不过值得庆幸的是，故宫博物院的学习和研究条件较好，与各级领导和同事们的相处也非常愉快。因而一旦确立好自己学习的目标，自己不断努力，还是能够有所得的。不仅如此，从参加工作到现在，本人有幸跟随许多术业有专攻的先生们学习，并且在业务方面收获很大。

十几年间，本人撰写了有关文房四宝及清宫史方面的文章数十篇，涉及的问题大致上包括当时的笔墨纸砚鉴藏、中国笔墨纸砚的选材、中国传统文具与明清宫廷史之间的关系三种类型。这在某种程度上反映了个人学习的途径。除了对以上内容进行浓缩和调整外，本人还继续关注和搜集各个历史时期的相关文献，增加了不少近些年来尚未形成文章的学术观点和心得，同时在体例上做了统一处理，并在文字上做了润色，个别地方补充了史料，以便在内容完整性上更加完美。

众所周知，上百年来由于西方的入侵，中华传统文化凋敝至极。唯一的几个亮点，如书画、青铜、瓷器、玉器、佛教艺术等，其话语权多为西方人所把持，即便如今国家已经逐步强盛，但是彻底恢复文化自信的道路依然漫长。因此，包括“文房四宝”在内的绝大多数中国传统文化表征物，仍处在门可罗雀、无人问津的地步，亟待抢救性发掘和整理。本书尽量减少专业术语和具体的研究考证过程，增加了更多的故事性和可读性，进而将以前在人们心目中高高在上的皇帝拉下神坛，从父亲、书生、诗人的角度讲述一个人的暮年生活体验。因此本书可以说是与时俱进地开展科研和宣教工作的一种探索与实践，文稿虽经过多次修改，但难免存在缺点与不足，敬请读者给予指正和赐教。

书中绝大多数图片由故宫博物院数字信息部的同志们拍摄提供。另外，我们在撰写此书的过程中，查阅并参考了前人的相关研究成果，因受篇幅限制未能一一列出，在此一并致以诚挚谢意。值此出版之际，特别感谢湖南科学技术出版社的领导和图书编辑李文瑶、杨哲、梁蕾等老师的理解和支持！对给予我鼓励的前辈学者与学界同仁表示衷心的感谢。

林欢

2022 年 2 月于故宫博物院南三所